HEYNE <

Viel Spaß
an der Freude!
5-9-2010
Heinrich

© Alexander Paul Englert

Heinrich Pachl, Jahrgang 1943, ist Autor, Kabarettist und Filmemacher. Nach seinem Durchbruch als Kabarettist mit »Der wahre Anton« einige Gemeinschaftsprogramme – unter anderem mit Richard Rogler, Matthias Beltz und Arnulf Rating –, seit 1994 Soloauftritte, darunter »Nicht zu fassen« (1994), »Geld und gute Worte« (1996), »Chaos und Spiele« (2001) und »Vertrauensstörende Maßnahmen« (2006). Zahlreiche Auszeichnungen, darunter Deutscher Kleinkunstpreis, Adolf-Grimme-Preis und Deutscher Kabarettpreis.
Zur Zeit auf Tournee mit dem Solo-Programm »Die Spur der Scheine«. Heinrich Pachl lebt in Köln.

Heinrich Pachl

Die Spur der Scheine

Nachrichten
zur Plage
der Nation

WILHELM HEYNE VERLAG
MÜNCHEN

FSC
Mix
Produktgruppe aus vorbildlich
bewirtschafteten Wäldern und
anderen kontrollierten Herkünften

Zert.-Nr. SGS-COC-1940
www.fsc.org
© 1996 Forest Stewardship Council

Verlagsgruppe Random House FSC-DEU-0100
Das für dieses Buch verwendete FSC-zertifizierte Papier
Holmen Book Cream
liefert Holmen Paper, Hallstavik, Schweden.

Originalausgabe 11/2009

Printed in Germany 2009
Redaktion: Ulrich Thiele, München
Umschlaggestaltung: Nele Schütz Design, München,
unter Verwendung zweier Fotos von Alexander Paul Englert
Satz: Buch-Werkstatt GmbH, Bad Aibling
Druck und Bindung: GGP Media GmbH, Pößneck
ISBN: 978-3-453-62039-1

www.heyne.de

Inhalt

Krisen

Denn wir haben wahrlich keinen Rechtsanspruch auf Demokratie und soziale Marktwirtschaft auf alle Ewigkeit.
ANGELA MERKEL

Krise? Welche Krise, bitte? Ich höre immer Krise! Die Finanzkrise? Gab's die eigentlich? Gibt's die etwa immer noch? Oder fängt die erst so richtig an?

Tut mir leid, ich persönlich kann das Wort »Krise« nicht mehr hören. Und, entschuldigen Sie bitte, aber so wie diese Krise benimmt sich eine anständige Krise einfach nicht! In einer anständigen Krise bleibt der Mittelstand stabil – hier geht er den Bach runter. In einer anständigen Krise rettet uns der Export, und der Binnenmarkt geht in die Binsen – hier bricht der Export zusammen, der Binnenmarkt aber soll's bringen und wird dazu mit Abwrackprämien, Konsumreizen und anderen Aufputschmitteln gedopt. In einer anständigen Krise taucht das Klein- und Kleinstwagensegment ab – hier bleiben die obere Mittelklasse und die Edelkarossen auf der Halde.

Aber der Hammer kommt noch! In einer anständigen Krise werden die Armen unterstützt – hier gehen Hunderte Milliarden Euro als Schutzschirme, Deckungsfonds, Treuhandbürgschaften, Halteprämien (auch Boni genannt) ausnahmslos und immer an die Besser- und Bestverdienenden. Unerhört und unanständig! So hat sich eine Krise einfach nicht zu benehmen. Und weit und breit keine Supernanny in Sicht, die für Anstand sorgt und Regeln setzt.

Das kann es doch nicht gewesen sein!

Finanz-Krise

Also überall Krisen, unüberschaubar viele Krisen! Vor allem die sogenannte Finanzmarkt- oder auch Finanzkrise.

Eine Krise schockt, aber eigentlich sollte man sie genießen. Das geht. Ja, auch eine Krise kann man genießen. In beschränktem Maße jedenfalls. Auch die jetzige Finanzkrise, warum denn nicht! Zum Beispiel der Kölner – der macht das mit großem Können vor. Ich, der ich schon seit Jahren in Köln wohne, kann das einigermaßen beurteilen. Wo sich Bewohner anderer Städte aufregen, wenn sie betrogen und belogen werden, genießt der Kölner bei vollem Bewusstsein geradezu, wie mit ihm Schlitten gefahren wird – ein Vergnügen, das hier eine relativ hohe Kulturstufe erklommen hat. Man nennt es in Köln auch Spaß an der Freud, oder, um mit Tünnes und Schäl zu sprechen: Gestern hat mich eine Dampfwalze überfahren – was war ich platt!

Man muss, um eine Krise genießen zu können, natürlich ein bisschen was von dem miesen Krisenspiel verstehen, das da getrieben wird, also zumindest einige der Spielregeln kennen. Wie beim Fußball, wo man sich auch nur so richtig vehement über einen nicht gegebenen Strafstoß aufregen kann, wenn man eine gewisse Ahnung davon hat, nach welchen Regeln gepfiffen wird.

Wie jede Krise hat auch die jetzige gigantische Finanzkrise ihr schlichtes Grundrezept, das im Mischungsverhältnis von »gefühlt« und »echt« verborgen liegt. Diesen Unterschied kennen Sie im Alltag von der Kälte, bei der man ebenfalls zwischen der echten und der gefühlten unterscheidet.

Gegen echte Kälte kann man sich wappnen, auch wenn das Thermometer auf vierzig Grad unter null fällt – man geht halt nicht raus. Aber gegen gefühlte Kälte sind Sie machtlos, auch wenn Sie Ihr Rheumakissen auf 280 Grad schrauben, bis es Flammen wirft. Sie bibbern trotzdem durch alle Ritzen. Manchmal treffen »gefühlt« und »echt« auch zusammen, etwa wenn man in der richtigen Situation im richtigen Etablissement aus dem richtigen Automaten mit dem richtigen Kleingeld das Richtige zieht – dann hat man's gefühlsecht … Aber das ist eine andere Baustelle.

Zurück zur großen Finanzkrise. Je gefühlter, desto dramatischer wirkt sie, je echter, desto gefährlicher scheint sie. Die Mischung macht's. Gegenüber der echten ist die gefühlte Krise deutlich im Vorteil: Man kann an ihr fummeln, man kann sie manipulieren, das Gefühl für sie hochdrehen oder abdimmen, die Stimmung anheizen, flach halten oder abkippen lassen. Während an der echten Krise echt was getan werden muss. Müsste …

Gefühltes Geld

Es geht, worum sonst, ums Geld. Also um Kies, Schotter, Mammon, Moos, Marie, Penunzen. Normalerweise muss Geld arbeiten und darf nicht auf der faulen Haut liegen. Aber Geld ist bekanntlich scheu, – wie ein Reh hüpft es nachts über die Grenze nach Luxemburg oder Liechtenstein. Dann rast der deutsche Steuerfahnder auf seinem rostigen Moped hinterher. Dem hat man, irgendwo muss der Staat schließlich sparen, vorne die Karbidlampe weggespart, und so knallt er gegen die letzte unbeleuchtete Fichte neben der deutschen Autobahn. Oder das Geld wandert gleich ganz aus, dahin, wo so gut wie immer die Sonne scheint und es endlich auch herzlich aufgenommen wird.

Doch unser Geld, dieses scheue Reh, dieses Bambi, könnte man sagen, das Helmut Kohl früher mit dem Billigausdruck

»Bimbes« belegte und beleidigte, was unserem Geld gegenüber nicht besonders sensibel war – dieses scheue Reh also schien auf einmal hysterisch geworden zu sein. Unser Bambi lief geradezu Amok. Aus Geldscheinen, die jahrelang unter der Matratze zins- und freudlos in einem alten Strumpf gefoltert worden waren, aus herrenlosen Guthaben, die auf öden Postsparbüchern herumgegammelt hatten, in enger Käfighaltung in Bausparverträgen und Rentenkassen dahinvegetierten und in kleinlichen Zinserzielungsanstalten gefangen gehalten worden waren – aus all diesen Schläfern waren, passend zum Raubtierkapitalismus, urplötzlich Bestien geworden. Unser Bambi mutierte quasi zum Killer-Kitz! Zum Kannibalen, der sich selbst auffraß – beziehungsweise bereits aufgefressen haben musste. Denn das Geld war ja einfach nicht mehr da! Hunderte von Milliarden Euro, Yen, Dollar vor allem – futsch! Gekidnappt! Verschwunden! Wie in einem Banken-Bermuda-Dreieck verschollen, aufgelöst und weg!

Doch dann diese wahnsinnige Leistung der deutschen Regierung, auf einmal Hunderte von Milliarden Euro hervorzuzaubern und aufzutischen. Wie viel davon nun wieder echt und wie viel gefühlt war? Egal! Nur, wie hat man das auf einmal hingekriegt?

Im Grunde nicht anders als beim stinknormalen Zaubertrick im Zirkus, im Varieté oder im Tingeltangel: Man lässt sich was vormachen und zahlt dafür. Jeder Zaubertrick, also auch dieser funktioniert nach dem bekannten Grundmuster, dass der Magier, der Hexer oder Illusionist hier etwas hervorzaubert, was er gerade eben noch dort hat verschwinden lassen, ganz egal ob es sich dabei um Elefanten handelt oder um Taschentücher oder um Ihr Portemonnaie. In jedem Fall wird uns was vorgemacht. Wichtig ist die Illusion. Wenn die Illusion, also die Täuschung, nicht funktioniert oder zerstört wird, ist der Zauber futsch. Wie neulich bei Siegfried und Roy, als der Albino-Tiger wie sonst immer verschwinden sollte und sich gesagt haben muss, allein wird mir das zu blöd, Siegfried, du kommst mit! Da war der Trick dahin, die Illusion futsch, der Zauber weg, anstatt Staunen herrschte Entsetzen im Publikum und, jetzt kommt das Schlimmste, das Vertrauen in den Zauberer war zerstört.

Denn Vertrauen in den Zauberer gibt's nur, wenn die Täuschung, von der man zwar weiß, dass es sie gibt, aber höchstens ahnt wie sie funktioniert, trotzdem so gut klappt, dass man an sie glaubt, wenn das Gefühlte also als wirklich echt daherkommt. Solche Täuschungen sind ihr Geld wert, und dafür zahlt man doch gerne.

Und diese Wahnsinnsmasse an Bimbes, die neulich bei uns herbeigegaunert wurde – wo hat man die vorher verschwinden lassen? Zaubertricks enthüllen und verraten? Gehört sich nicht und ist dem Ehrenkodex der Zauberer zufolge strengstens untersagt! Denn wenn der Zauber dann wieder mal vorgeführt werden soll, ist er im Eimer, und der Zauberer erntet statt Bewunderung nur noch Gelächter.

Aber diesen Monetentrick, jede Wette, gab es bisher noch auf keiner Bühne, und er ist an Wagemut und unverschämter Gerissenheit kaum zu überbieten. Also, was soll der Geiz, machen wir eben mal eine Ausnahme. Wobei die Masche so neu nun auch wieder nicht ist, eigentlich ist sie sogar reichlich ausgelaugt und abgestanden. Die Hunderte von Milliarden Euro, die da hergezaubert wurden, hat man wo weggezaubert? Halten Sie sich fest, bei unseren Ururenkeln! Wenn die in siebzig oder achtzig Jahren, oder wann auch immer, hienieden das Licht der Welt erblicken müssen und den Kopf aus dem Wüstensand strecken, der unseren ehemals deutschen Wald dereinst bedecken wird und den Wölfen und Bären ausweichen, die durch unsere verödeten Karstädte streunen, werden sie ihr blaues Wunder erleben. Denn was erleben sie? Unser längst aufgefressenes und verausgabtes Futurum III als ihr eigenes bankrottes Plusquamperplex. Supi! Oder?!

Dieser Trick mit dem Geld, so kriminell er gegenüber den Ungeborenen sein mag, war bitter nötig, damit wieder Vertrauen entsteht. Vertrauen zwischen uns und unter uns und über uns hinweg, um damit eine gigantische Katastrophe abzuwenden – nämlich die, dass wir nicht mehr an den Trick mit dem Geld glauben. Und wenn dieser Glaube nicht mehr funktioniert, können wir den Globus sofort dichtmachen.

Auch bei dieser frisch an die Wand gemalten Katastrophe wusste und weiß keiner, wieweit sie gefühlt oder echt war oder geworden wäre. Oder sein wird, wenn sie dann doch noch kommt. Also weiß keiner, wieweit wir getäuscht, also nach Strich und Faden über den Tisch gezogen, oder gerettet wurden und werden.

Umso wichtiger ist das Vertrauen, das in den sogenannten »vertrauensbildenden Maßnahmen« fabriziert wird. Von allen solchen Vertrauensarten ist aber dasjenige in den Zirkus-Zauberer dabei das raffinierteste überhaupt, weil man weiß, dass einen der Zauberer täuscht, und man gerade deswegen von seiner Illusion betrogen werden will. An dieser Stelle kommt – wie bei jedem Zaubertrick – der Trick im Trick zum Zuge, der – Achtung! – wirklich einen Sonderapplaus verdient: Die Verantwortung für die Illusion, also für den Betrug, geht vom Zauberer, also dem Betrüger, auf den Zuschauer über, also auf den Betrogenen. Aber klar doch, denn der will's ja so und nicht anders und bezahlt auch noch dafür. Und applaudiert auch noch kräftig, wenn's klappt. So wird aus Betrug ganz locker Selbstbetrug – und zwar, das ist die Delikatesse dabei, in Eigenverantwortung des Betrogenen.

Auch bei der amerikanischen Immobilien-Kreditkrise wurde dieses Argument von den Betrügern und ihren Anwälten ins Feld geführt: Die, die sich jetzt beklagen, wollten es ja nicht anders. Was für ein Uralttrick. Die allseits bekannte Verteidigung der Wölfe gegen die Schafe.

Betrogen werden in Eigenverantwortung – das ist der qualitative Sprung von der Fremdbestimmung zur Selbstbestimmung, der beim Finanz-Zauber gefühlsecht und auf unterstem Niveau funktioniert – als Übergang von der Fremdverarschung zur Selbstverarschung. Bravissimo! Und: Reklamation ausgeschlossen.

Geld und Erfahrung

Wir wollen, sagt der Banker zum Bankkunden, doch nur Ihr Bestes, Ihr Geld. Da können Sie sich, wenn Sie was auf dem Konto haben, vor Anrufen nicht retten. Wollen Sie nicht mal in der Filiale vorbeikommen, wir hätten da eine interessante Anlagemöglichkeit für Sie? Oder ist es Ihnen lieber, wenn wir bei Ihnen vorbeikommen, wann hätten Sie denn Zeit? Nach vielen Anrufen sind Sie endlich weichgeklopft, die Verabredung mit dem Vermögensberater bei Ihnen zu Hause steht, Sie bereiten alles vor und haben dazu, wie empfohlen, alle Konten und Sparbücher hervorgekramt und aufgeblättert, so dass Sie nun ein gewisses Gefühl der Entblößung empfinden, wie in Erwartung eines Hausbesuchs vom Urologen. Der Vermögensberater klingelt, tritt ein, legt ab, nimmt Platz und schaut hinein in Ihre finanziellen Innereien. Sie sind angespannt und nervös. Doch er lobt: Das sieht doch sehr gut aus. Sie sind erleichtert. Da hat sich ja was gebildet, fährt er fort, nämlich ein Guthaben. Wirklich? Ja ja! Und das ist gut, dass Sie das haben. Daher ja auch der Name: Gut-Haben. Damit können wir doch was Sinnvolles anfangen, also sollten Sie es auf keinen Fall versauern und auf der faulen Haut liegen lassen. Schauen Sie mal, schlägt er vor, Sie haben das Geld, und wir haben die Erfahrung, und wenn wir zwei beides zusammentun, könnte dies der Beginn einer wunderbaren finanziellen Freundschaft sein.

Das leuchtet Ihnen ein, Sie schlagen ein und stecken Ihr Guthaben auf Anraten des Vermögensberaters in einen geschlossenen Immobilienfonds. Der ist dermaßen geschlossen, dass kein Schwein erkennen kann, was sich eigentlich darin abspielt, bald aber zugleich so transparent, dass nach einem halben Jahr gar nichts mehr zu sehen ist. Panik ergreift Sie, Sie greifen zum Telefon, erreichen den Vermögensberater auch, nachdem der Klingelton dreimal Melodie und Rhythmus geändert hat und mittlerweile wie ein Cocktail aus Salsa und Samba klingt. Alles klar, sagen Sie sich, Karibik, Bahamas. Ihr Berater meldet sich lallend. Aha, all inclusive, Happy Hour, dritter bis vierter Cuba Libre. Das Geld, beschweren Sie sich, es ist nicht mehr da! Das kann nicht sein, meint er. Doch, es ist weg, rufen Sie störrisch. Nein, sagt er, weg ist es nicht. Natürlich, unterbrechen Sie ihn, es ist ja nicht mehr da. Aber, tröstet er Sie, deswegen ist es noch lange nicht weg! Wieso das denn nicht? Ja, weil es hier ist. Ein Glück, sagen Sie erleichtert. Eben, sagt er, es hat sich im Wesentlichen auch nicht viel geändert, es ist jetzt alles nur ein bisschen anders. Jetzt haben wir das Geld und Sie die Erfahrung. Schönen Tag noch, Weihnachtsgans! Und hat aufgelegt.

Banken

Was ist das überhaupt, eine Bank? Normalerweise hat eine Bank die Funktion, das Geld von denen, die es haben und deswegen gar nicht mehr brauchen, an die zu vermitteln, die es brauchen, weil sie es noch nicht haben und nun mit dem Geld arbeiten wollen, damit mehr aus ihm wird, wovon sie aber kaum was haben, weil nun die Bank das Geld ihnen, die es nur brauchten, weil sie es eben nicht hatten, wegnimmt und wieder an die zurückbringt, die es schon haben und eigentlich gar nicht brauchten und jetzt noch mehr davon haben, was sie noch weniger brauchen, so dass die, die es nun im Überfluss haben und überhaupt nicht mehr brauchen, sich ziemlich langweilen und sich irgendwann fragen, ob sie eigentlich die, die es immer noch nicht haben und dafür immer wieder brauchen, überhaupt noch brauchen, denn das dauert doch immer ziemlich lange und ist reichlich umständlich, und stattdessen kann man das Geld doch schneller und besser mit den Zinsen verzinsen, die es noch gar nicht erzinst hat.

Wie wenn Sie zum Pferderennen gehen und dort auf Alpenveilchen setzen, obwohl Tannenzapfen gar nicht an den Start geht. Das habe ich auch nicht ganz verstanden, trotzdem wird so verfahren, darauf werden Wettscheine ausgegeben, die wiederum versichert sind, und auf die Versicherungsaktien gibt's Optionen mit rückversicherten Calls, Puts, Ausfallwagnis, Derivaten und so weiter.

Was im Privatleben als Kettenbrief und in Spelunken als Glücksspiel verboten wurde, wurde hier gesetzlich zugelassen. Und zwar vor kurzem erst, von der rot-grünen Regierung – wozu die anderen Parteien sie gedrängt hatten. In trauter Eintracht stimmten alle zusammen Ende 2003 dem sogenannten Investmentmodernisierungsgesetz im Finanzausschuss des Bundestages zu.

Das alles ist zum Überdruss und bis zu den Ohren hinaus bekannt und klappt trotzdem, solange es klappt, weil noch Vertrauen da ist.

Vertrauen ist gerade beim Geldhandel unabdingbar. Stellen Sie sich vor, Sie hätten mir vor sieben Jahren hundert Euro geliehen, die ich Ihnen seither trotz Bitten und Mahnen nicht zurückgezahlt habe, noch keine einzige Rate. Können Sie da noch darauf vertrauen, dass ich jemals mit der Rückzahlung beginnen werde?

Eben nicht. Verständlich, aber mit katastrophalen Auswirkungen für mich als Schuldner. Sie sollten sich auch mal in die Gemütslage eines anderen, in diesem Fall Ihres Geschäftspartners hineinversetzen! Durch Ihren Vertrauensentzug rauscht meine Stimmung in den Keller. Und in der Wirtschaft ist Stimmung sehr wichtig, gerade und vor allem in der Finanzwirtschaft. Das müssten Sie doch wissen! Wenn ich also bisher, als Sie noch Vertrauen zu mir hatten, die seelische Kraft nicht aufbringen konnte, mit der Rückzahlung zu beginnen, wie soll mir das gelingen, wenn Sie mir zusätzlich zu meinem stressigen Schuldnerdasein auch noch Ihr Vertrauen entziehen? Ich weiß nicht, ob Sie sich damit einen Gefallen tun. Denn jetzt sieht es mit der Rückzahlung noch schlechter als schlecht aus. Aber halt, nicht die Flinte voreilig ins Korn werfen – ich habe da einen konstruktiven Vorschlag, der dazu angetan sein könnte, dass Sie wieder bei sich Vertrauen in mich aufbauen und mir damit eine reelle Chance auf Schuldenabbau bei Ihnen geben. Sie leihen mir jetzt direkt noch einmal hundert Euro, die ich Ihnen sofort als die ersten hundert Euro von vor sieben Jahren zurückgebe. Wäre das ein Denkmodell? Verzinsung? Wo die bleibt? Berechtigte Frage.

Stimmt, die Zinsen fehlen noch. Aber auch da hätte ich einen verbindlichen Vorschlag zur Güte. Sie leihen mir nochmal fünfzig Euro, von denen ich Ihnen, großes Ehrenwort, sofort fünfundzwanzig zurückgebe, die Sie dann als Zinsen für diejenigen hundert Euro verbuchen, die ich Ihnen jetzt noch zusätzlich schuldig bin. Damit haben Sie einen Eingang von 25-prozentiger Verzinsung und spielen dadurch in einer Liga mit Ackermann. Bitte nicht gleich ablehnen, erst mal drüber nachdenken.

Steinbrück – Held der Klamotte

Wenn zum Krisengenießen die Kenntnis der entsprechenden Regeln gehört, muss man auch die dramaturgischen Tricks des Theaters kennen, das uns hier vorgespielt wird – also wie Spannung aufgebaut wird, falsche Spuren gelegt werden und so weiter. Wobei uns das Geld trotz der Unsummen von Geld, die da herumschwirren, leider kein anständiges Drama vorspielt, sondern eine Schmierenkomödie. Aber auch Klamotten, so lächerlich sie sein und so blutig sie enden mögen, brauchen Helden und Schurken. In der Schmierenkomödie besetzt man beide Rollenfächer am besten mit guten Komikern, sofern welche zur Verfügung stehen. Denen sollte man ihre Lustigkeit aber nicht direkt ansehen, sonst wird es selten richtig komisch.

Komiker als Helden also? Die haben wir. Einer heißt Peer Steinbrück. Ein Fischkopp aus Schläfrig-Holstein, früher Finanzminister unter Wolfgang Clement und danach dessen Nachfolger als Ministerpräsident von Nordrhein-Westfalen, als der er 2005 abgewählt wurde. Aber genau das hat ihn erst qualifiziert, Finanzminister zu werden. Denn die SPD schickt immer nur solche Genossen als Finanzminister auf die Bundesbühne, die schon mal abgewirtschaftet haben, dadurch über einen intensiv tragischen Blick verfügen und gleichzeitig ausreichend schmerzunempfindlich sind und damit tragfähig für unlösbare Aufgaben.

Erinnern wir uns an Hans Eichel und seine Anmutung eines genetisch erzeugten Watschenmannes, der mit seiner schiefen Kopfhaltung die linke Wange immer schon hinzuhalten schien, bevor man die rechte überhaupt getroffen haben wollte. Kaum hatte er die Hessen-Wahl verloren und war dort als Regierungschef abgedankt, wurde er schon Schröders Finanzminister. Loser, muss die SPD sich seit Kanzler Schröder gesagt haben, die es schon hinter sich haben, sind prädestiniert für diesen Job, denn sie tragen das Politiker-Prüfsiegel AEG – Aus Erfahrung Gut.

Steinbrück hat allerdings eine ganz andere Anmutung als Eichel, er wirkt knallhart und zupackend, wie eine charismatische Kombination von Frettchen und Kampfkaninchen. Eichel verteidigte sich eher kläglich kläffend, Steinbrück dagegen kommt als Schnapphahn rüber, als Wadenbeißer – nur setzt er höher an, mehr am Hals des Gegners. Seine Härte drückt sich bereits in seinem Sprechen aus – eine Aussprache mit dem sägenden Klang einer Eisenfeile, womit er ein scharfes »s« auch in solchen Worten zum Klingen bringt, die noch nie mit einem »s« zu tun hatten. Wenn Steinbrück redet, höre ich im Geiste Möhrchen knacken. Nicht schlecht gecastet: als wäre Robert De Niro als Finanzbeamter zur Welt gekommen. Und hat Steinbrück als Tragikomiker nicht damals unter Minister Clement und Kanzler Schröder an den Missständen mitgebastelt, deren missliche Folgen er heute ausmisten muss? Hier weht also, um bei der Komödie zu bleiben, auch ein Hauch vom Dorfrichter Adam aus dem *Zerbrochnen Krug*, der ebenfalls eine Untat aufdecken musste, bei der er selbst der Täter war. Aber sogar im Kampf gegen die Leistungen seiner eigenen politischen Vergangenheit zeigt sich Steinbrück bei aller Verbissenheit durchaus humorvoll und juxig komisch, etwa wenn er auf die Frage, wie es denn weitergehe und wie schlimm es noch werden könne, mutig, sicher und unentschlossen antwortet: »Ich weiß nicht.«

Merkel – Mutter der Klamotte

Und eine Heldin braucht das Possenspiel. Wer anders und besser als Angela Merkel käme da als Besetzung für die weibliche Hauptrolle in Frage? In diesem Schauerstück ist sie die unangefochtene Mutter der Klamotte. Aber man wird hier, dazu ist die Lage dann doch zu ernst, keine Merkel-Witze lesen, denn Merkel-Witze sind sehr oft ganz schnell frauenfeindlich, was keineswegs nur an den Witzen liegt.

Eine beliebte Komikermasche besteht darin, aus wenig Inhalt viel Text zu produzieren. Der Possenprofi, nehmen wir als Beispiel Hans Moser, ergeht sich dann in dauerndem Versprechen, Stottern, Sich-Wiederholen. Und der Zuschauer lacht über den mühevollen Aufwand, den der Komiker an den Tag legen muss, um sich verbal aus der Affäre zu ziehen.

Auch Frau Merkel arbeitet so, allerdings mit einer sehr leisen und unscheinbaren Komik, so dass einem die Pointen leicht entgehen können. Was substanzielle Inhalte anbelangt, hat auch sie zu dieser Krise nicht viel zu sagen – aber das sagt sie dann auch, und zwar so, dass jeder merkelt, dass sie nicht viel zu sagen hat. Dafür bekommt sie tosenden Applaus und Standing Ovations, zumindest wenn es sich beim Publikum um Kenner und gewiefte Genießer solcher subtilen Komik handelt. Wie neulich zu Beginn des Krisenjahres 2009, als sie in Davos in der Schweiz, da wo's so schön ist und sich die Bosse und Banker versammelt hatten, eine Rede hielt, welche die

Anwesenden, darunter auch der Schurke Ackermann, begeistert quittierten, vor allem als Merkel sagte: »Diese Finanzkrise, meine Herren, darf nicht umsonst gewesen sein!«

Angela Merkel wird uns ja noch einige Zeit als Spitzenkomikerin in der Kanzlerinnenrolle erhalten bleiben, mindestens doch noch acht Jahre, wenn nicht zwölf, aber ich, der ich sechzehn Jahre Helmut-Kohl-Komik durchgehalten habe, und das müssen Sie mir erst mal nachmachen, das schaffen andere abendländische Kulturvölker nur unter fiesesten Folterdiktaturen, was ich freiwillig hinbekommen habe, ich werde im Zweifelsfall sogar sechzehn Jahre Merkel durchhalten. Sie selbst, da bin ich mir ziemlich sicher, schafft das auch, schließlich verströmt sie jetzt schon, wenn sie sich so richtig konzentriert, die Ausstrahlung der jungen Inge Meysel.

Merkels Karriere

Weil Merkel uns also noch länger polit-atmosphärisch begleiten wird, muss hier etwas weiter ausgeholt werden, um ihrer singulären Erscheinung zumindest ansatzweise gerecht zu werden und daraufhin ihre Rolle und Leistung in dieser Krise wenigstens annähernd adäquat würdigen zu können.

Merkel? War das nicht »Kohls Mädchen«? Im ersten gesamtdeutschen Kabinett war sie Helmut Kohls Fachfrau für politische Magermilch, zuerst zuständig für »Famillje«, dann für Umwelt. Davon hatte sie zwar keine Ahnung, aber das sei, wie sie meinte, nur positiv, weil sie sich dadurch gegenüber den vielschichtigen ökologischen Problemen neutral, objektiv und ökonomisch verhalten könne.

Klang schon damals merkwürdig, aber irgendwie einleuchtend, und wie sie als Umweltministerin mit kritischen Einwänden Schlitten fuhr, ließ bereits ihr komisches Talent aufblitzen.

Mir fiel es jedenfalls direkt ins Auge, als ich sie seinerzeit fragte, was sie gegen das wachsende Ozonloch zu unternehmen gedächte. Flink, patent und abgebrüht reagierte sie mit Trick eins der komischen Praxis: nicht verstehen, weghören, nachfragen lassen. Das Ozonloch, Frau Merkel, durch das wir Hautkrebs bekommen! Wie? Das Ozonloch, Frau Merkel, das Arschloch der Atmosphäre, durch das wir mit malignen Melanomen zugeschissen werden! Was machen Sie dagegen?

Da lief sie zu früher Höchstform auf. Nur keine Panik, war ihre Antwort, Löcher könne man stopfen, das wisse sie noch von den roten Socken.

Abseitsfalle Vertrauen

Frau Merkel brachte dann, was zu selten gewürdigt und allzu oft übersehen wird, weswegen man sie lange Zeit unterschätzt hat, eine neue Kategorie in die echte und gefühlte Politik ein.

Bis dato war es doch so, dass man einem Politiker vertrauen sollte. Hier kommen die sogenannten »vertrauensbildenden Maßnahmen« zum Zuge, nicht zu verwechseln mit den »vermögensbildenden Maßnahmen«, eher schon mit den »verblödungsbildenden Maßnahmen«.

Vertrauen zu Politikern? Vorsicht! Sehr gefährlich! Vertrauen zu Politikern ist die Abseitsfalle der Demokratie. Wer einem Politiker vertraut, unterschreibt damit quasi, dass er glaubt, der Politiker könne davon ausgehen, dass er, der Bürger, meint, der Politiker würde annehmen dürfen, der Bürger würde ihm unterstellen, dass er, der Politiker, die Wahrheit sagt. Darin steckt der Keim unserer epidemisch sich ausbreitenden Politikermüdigkeit und lähmenden Politikverdrossenheit. Denn wie, bitte schön, kann man von einem Politiker ernsthaft erwarten, dass er die Wahrheit sagt über Dinge, die es noch überhaupt nicht gibt, die er erst mit zu gestalten und mit zu entscheiden hat? Wie, bitte, soll ein Politiker da die Wahrheit sagen – er kennt sie doch in den meisten Fällen selbst gar nicht? Kann sie auch gar nicht kennen. Doch sagen muss er trotzdem was, denn wenn er nichts sagt, hat er den Beruf des Politikers verfehlt. Eine Basiskomik dieses Berufsstandes.

Das erleben wir im umgekehrten, also positiven Fall beim neuen Bundesminister für Wirtschaft, Herrn zu Guttenberg, der, wie er selbst sagte, von Wirtschaft wenig Ahnung hat, aber trotzdem der Richtige für diesen Posten sei, weil er gelernt habe, gut zu reden, und wenn er sich äußert, merkt man auch sofort, dass er eigentlich nichts zu sagen hat, aber er sagt wenigstens was, im Gegensatz zu seinem Vorgänger Glos, der nicht nur keine Ahnung hatte, sondern das noch nicht einmal auszudrücken wusste.

Welcher Politiker will denn, um gleich ein ganz heißes Eisen bei den Hörnern zu packen, die Wahrheit über die Endlagerung von Kernbrennstäben sagen? Der Salzstock der Asse in Niedersachsen beispielsweise – der sei, sagten damals die Politiker, Millionen von Jahre sicher. »Und wenn nicht?«, fragte damals schon der skeptische Bürger. »Dann stehe ich dafür gerade«, kam die Politiker-Antwort, »dann kommen Sie zu mir und reklamieren.« Und läuft der besagte Salzstock bereits nach knapp dreißig Jahren leck mit Lauge und lässt die radioaktiven Fässer im Salzwasser rosten. Nur die Politiker, die damals das Sagen hatten und denen man vertrauen sollte – die sind tatsächlich entsorgt und endgelagert.

Wie schon Otto von Bismarck, der Eiserne Kanzler, wusste: Wer es einmal mitgekriegt hat und daher weiß, wie Gesetze und Würste gemacht werden, kann nicht mehr ruhig schlafen.

Enttäuschung und ihre Folgen

Aus Vertrauen zu Politikern entsteht mit logischer Notwendigkeit schnell Enttäuschung. Enttäuschung aber ist unschön. Man kennt das von der Entehrung. Eine Ehrung ist schön, eine Ent-Ehrung nicht wirklich. Oder von der Enteignung. Man besitzt eine gewisse Eignung, vielleicht sogar ein kleines Eignungstum, aber eine Ent-Eignung ist unangenehm. Genauso verhält es sich mit der Täuschung … eine Ent-Täuschung jedenfalls ist wirklich nicht schön.

Wem das seltsam erscheint, der erinnere sich an die Revolution in Ungarn. Nicht an die von 1956, sondern die von 2006, als der damalige ungarische Ministerpräsident in einem Anfall von Wahrheitswut vor den Wählern bekannte, er habe sie drei Jahre lang nach Strich und Faden belogen. Das wollte man nicht hören. Es kam zu Krawallen, Straßenschlachten mit Barrikaden, fast zum Bürgerkrieg. »Lüg uns nicht an«, schrien die Ungarn, »und täusche auf einmal eine Wahrheit vor, indem du zugibst, dass du uns belogen hast, und behauptest, das sei jetzt ehrlich! Wir glauben dir kein Wort! Du lügst ja sogar, wenn du lügst!«

In kritischen Fällen vermeldet der Politiker also nicht die Wahrheit, sondern hofft, dass das, was er sagt, nicht als Unwahrheit enttarnt wird, solange er Immunität genießt. Und dass die Sache, um die es geht, verjährt ist, wenn die Immunität ausgelaufen ist.

Zutrauen statt Vertrauen

Die bessere Alternative zum Vertrauen wurde dem interessierten Publikum vor einiger Zeit klar, als zwei Menschen öffentlich bekannten, sie hätten die Öffentlichkeit belogen – aber aus Verantwortung! Der eine war Politiker, der andere Sportler. Mit den beiden wurde sehr unterschiedlich umgesprungen.

Der Politiker, ein Bundestagsabgeordneter der SPD aus Wolfsburg, dort auch im VW-Betriebsrat, hatte stets beteuert, er wäre nie mit den anderen in den Puffs von Barcelona und Brasilien gewesen. Was sich dann als Lüge herausstellte, die er leider auch öffentlich zugeben musste. Ich habe, sagte er, gelogen, aber aus Verantwortung. Und zwar gegenüber Deutschland. Zwar habe auch er sich mit Besuchen in diversen Freudenhäusern bestechen lassen, aber das habe er damals, als der Skandal öffentlich wurde, nicht zugeben können, weil gerade Neuwahlen für den Bundestag bevorstanden. 2005 sei er nämlich wegen des vorgezogenen Wahltermins erst drei Jahre lang im Bundestag gesessen und habe dementsprechend noch keinen Anspruch auf eine anständige Abgeordnetenpension gehabt, welchen man erst mit einer vollen Legislaturperiode erwirbt. Hätte er seinen Fehltritt bereits damals gestanden, also nicht gelogen, sondern die Wahrheit gesagt, wäre er mit Sicherheit nicht wieder als Kandidat aufgestellt, geschweige denn wieder in den Bundestag gewählt worden. Demzufolge musste er lügen, eben aus Verantwortung gegenüber Deutschland, um dem Staat nicht als Hartz-IV-Empfänger auf der Tasche zu liegen.

Der andere verantwortungsvolle Kopf, der sich zu einer Lüge bekannte, war ein beliebter Radfahrprofi, der behauptet hatte, nie Dopingmittel genommen zu haben. Ja, er habe es mehrfach öffentlich bestritten, und damit gelogen, aber ebenfalls aus Verantwortung. Nur nicht gegenüber Deutschland, sondern gegenüber seinem Sohn, einem vielversprechenden Radfahr-Talent, dem er stets gesagt habe: »Bleib sauber, dann wirst du was!«

Höchst aufschlussreich in diesem Zusammenhang war, wie

unterschiedlich mit den beiden bekennenden Lügnern umgesprungen wurde. Der Politiker wurde wüst beschimpft und aus Ämtern, Funktionen und Mandaten gejagt, den Sportler hingegen ermutigte man, beim nächsten Rennen wieder voll in die Pedale zu steigen. Warum dieser Unterschied, wo doch beide gleichermaßen gelogen hatten? Dem Politiker vertraut man. Dem Sportler traut man was zu.

Merkel traut man was zu

Zurück zu Frau Merkel. Ihr wird es immer als Verdienst anzurechnen sein, dass sie diese neue Kategorie in die Politik eingebracht hat – Zutrauen statt Vertrauen. Bei ihr als Kanzlerin und Politikerin war nie entscheidend, ob man ihr vertraut, denn man traut ihr was zu. Man traute ihr sogar Dinge zu, die man ihr eigentlich nie zugetraut hätte oder hätte zutrauen können. Oder hätten Sie Frau Merkel damals, als sie noch »Kohls Mädchen« war, zugetraut, dass sie jemals CDU-Vorsitzende, oder sogar Kanzlerin werden würde? Eigentlich war sie doch die Nebenwirkung einer Nebenwirkung, geschichtlich gesehen. Sie war doch gar nicht an der Reihe, an die Parteispitze vorzustoßen. Wenn sich Kohl bei seinen Ehrenworten nicht verstottert hätte, wäre Schäuble nicht so schnell nach vorne gerollt. Wenn Schäuble nicht öffentlich vergessen hätte, dass er eben noch beim Essen neben dem Rüstungslobbyisten Schreiber gesessen hatte, hätte er nicht so flott wieder zurückrollen müssen. Da hat Frau Merkel einen doppelten Karrieresprung hingelegt, was man ihr eben bis dahin nicht zugetraut hätte.

Wenn man jemandem was zutraut, entsteht nicht Vertrauen, sondern Zutrauen, wodurch man nicht plump vertraulich wird, sondern zutraulich. Und wenn man zutraulich wird, zu wem auch immer, unterschätzt man denjenigen leicht. So ging es auch mit Merkel, und bald hatte sie alle im Sack. Auch und gerade die gewieftesten und gerissensten unter den Politikern.

Merkels Opfer

Erinnern Sie sich noch an Friedrich Merz, der beim sonntäglichen Fernseh-Hochamt, das damals noch von der Plapperpriesterin Christiansen geleitet wurde, seine Beine immer so elegant übereinander schlug, dass man schon nach zehn Minuten nicht mehr wusste, wer hier eigentlich Frau Christiansen war? Merz, der bei seinen Ausführungen immer so präpotent mit den Augen zu rollen wusste, dass er auch »Kinski der CDU« genannt wurde? Der uns mit seinen streberhaften Vorschlägen zur Finanzreform auf dem Bierdeckel so sehr quälte, dass er in Fachkreisen als »Marquis de Sade des Sauerlandes« verschrien war? In seinem Ehrgeiz besann sich Merz auf die Devise »Die Ratten verlassen das sinkende Schiff«, die er schöpferisch erweiterte, indem er sich sagte: »Ich verlasse Frau Merkels Schiff, damit es endlich sinkt.« Womit er sich dann strategisch schwer verhob, denn kaum hatte er die Fregatte Mer…, Entschuldigung, die Fregatte von Frau Merkel verlassen, kam diese erst so richtig in Fahrt.

Oder der Ministerpräsident Niedersachsens, Christian Wulff, ein junger Polit-Rüde aus Hannover, in Niedersachsen bereits beliebter als der deutsche Schäferhund im Westerwald – Frau Merkel hat ihn geschafft.

Oder damals Edmund Stoiber, erinnern Sie sich noch? Ein mittig gelochter Sachzwang aus dem südlichen Bayern, als Ziehsohn von Franz Josef Strauß politisch nun wirklich mit allen Wassern gewaschen, der damals den Spitznamen »Blondes Fallbeil der CSU« trug, als er noch über die vollen semmelblonden Haare mit dem gnadenlosen Scheitel verfügte, mit dem er den Verstandesteil seines Hirns eiskalt vom Gefühlsviertel abgespalten hatte. Ein ganz bissiger Wadenbeißer. Ach, dieses bayerische Urviecher-Dreamteam mit Strauß als Sauhund und Stoiber als Kettenhund! Strauß aber hatte Stoiber fest im Griff. »Edmund sitz! Fuß! Fass!« Dann war Strauß schon lange tot, doch Stoiber hatte diese Befehlskette noch immer als Phantomschmerz verinnerlicht, und weil er sich nach einer Wiederholung dieses Zusammenseins und -wirkens sehnte, streunte er nach Berlin, um sich ein neues Herrchen zu suchen, fand dort aber nur ein Frauchen. Frau Merkel hat ihn, wer hätte ihr das zugetraut, einfach ausgetrickst.

Oder Roland Koch, ebenfalls durchtrieben und mit allen Wassern gewaschen – bei dem muss man wirklich aufpassen, denn Roland Koch, anders kann man sich diesen Survivor nicht erklären, ist ein Untoter, politisch gesehen, ein Alien, ein CDU-Zombie. Fachleute in Wiesbaden haben mir glaubhaft versichert, Roland Koch sei gar nicht erst im Mutterleib, sondern direkt in die CDU hineingezeugt worden, und habe bereits in der Krabbelgruppe die Baby-Union herbeigekräht. Frau Merkel hat ihn im Griff, wer hätte ihr das zugetraut.

Oder, um die Liste und Latte derer, die Merkel so erstaunlich gut im Griff hat, vorläufig abzuschließen: Jürgen Rüttgers gehört auch dazu, der derzeitige Ministerpräsident von Nordrhein-Westfalen, nicht zu verwechseln mit der Puffbrause gleichen Namens, obwohl auch er etwas zischelig spricht, was mich schon immer irritiert hat. Er war – erinnern Sie sich noch? – unter Kohl Minister für Zukunft. Minister für Zukunft unter Kohl? Sicher auch nicht immer ein leichtes Brot, gemäß dem Motto von Karl Valentin, »Die Zukunft war früher auch mal besser«.

Aber die Frage ist immer noch offen, warum spricht Rüttgers so zischelig? Also mich macht das misstrauisch, und deshalb habe ich Winnetou angerufen. »Nimm mal den Typ in Augenschein – spricht dieser weiße Mann mit gespaltener Zunge?« Wie ich dann erfahren habe, hat es mit der sprachlichen Sozialisation von Rüttgers zu tun. Er hat ja schon oft genug Blödsinn geredet, zum Beispiel damals bei der Green-Card-Kampagne, als er forderte: »Kinder statt Inder!« Zahlreiche deutsche Touristen, die die Flugtickes nach Goa schon bezahlt in der Tasche hatten, waren ziemlich verzweifelt, denn was sollten sie nun als Erstes machen? Fliegen oder vögeln? Nun, Blödsinn hat der junge Rüttgers anscheinend schon als kleiner Bub geredet, was beim kindlichen Spracherwerb normal ist, aber seine Mutter beim Bügeln dermaßen irritierte, dass sie falsche Falten in die Bügelhose plättete und ihn daher aufforderte, was Gescheites zu sagen, was er ja nicht konnte, wenn sie es ihm nicht richtig beibrachte, worauf die arme Mutter Rüttgers sich nicht anders zu helfen wusste, als ihrem Jürgen, um ihn endlich zum Schweigen zu bringen, den Schnuller in den Mund zu stopfen. Dadurch lernte der kleine Rüttgers notgedrungen, um den Schnuller herum zu sprechen. Bitte! Das stammt nicht von mir, das hat mir ein Logopäde so erklärt.

Jedenfalls hat Frau Merkel auch ihn im Griff.

Die Krise und ihre Lösung

Zurück zur Krise! Merkel und Steinbrück – ein tolles Tandem! Er mit forschem Katerblick und zupackenden Hummerzangen, sie mit der von Ziehvater Kohl geerbten Kraft des Aussitzens, ja der Anmutung des manchmal bereits Ausgesessenen. Mit Merkel und Steinbrück an der Spitze waren die Deutschen jedenfalls durch die Kombination der Erfahrungen und Fähigkeiten beider extrem gut aufgestellt, um das Schiff des Staates sicher durch diese schwerste Krise der Nachkriegszeit gesteuert zu kriegen.

Aber unser Traumduo war bis zum Äußersten gefordert und stand reichlich ratlos vor dem Gordischen Knoten dieses Debakels. Was tun? Wie kriegt man diesen Trick zu packen, den Banker wie Ackermann und andere Finanzjongleure zur Anwendung brachten? Wer könnte raffiniert genug sein, diese Raffinesse zu durchschauen, diesen Coup zu knacken? Da kam nur ein Spitzenspezialist in Frage, einer, der selbst Ackermann auf die Schliche kommen könnte. Aber wer? Es musste dalli dalli gehen, damit die Deutschen nicht ihre Konten plünderten und die gesamte Wirtschaft zusammenbräche. Wo sollte man nur suchen?

Perfekte Verbrechen

Um die Finanzkrise wirklich genießen zu können, muss man sie als das einstufen, was sie in Wirklichkeit ist: ein perfektes Verbrechen, eigentlich das perfekteste Verbrechen, das derzeit vorstellbar ist. Beim normalen perfekten Verbrechen gibt es zwei Varianten: Entweder wir haben die Leiche, aber keinen Mörder, oder wir haben den Täter, finden aber die Leiche als Beleg für seine Untat nicht. Bei diesem Verbrechen haben wir beides. Wir haben die Leiche, und wir haben den Täter, aber der wird nicht bestraft, sondern ganz im Gegenteil belohnt, was bereits weit über das gängige perfekte Verbrechen hinausgeht.

Aber damit nicht genug. Hinzu kommt eine spezielle Erkenntnis aus der Kriminologie, die den Genuss dieses Vorgangs noch reizvoller macht. In der klassischen Verhörmethodik kennt man den Zusammenhang von Intelligenz und Einsichtigkeitssperre. Je niedriger die Intelligenz, desto höher die Einsichtigkeitssperre – und umgekehrt. Ein intelligenter Täter zeichnet sich also dadurch aus, dass er bei unwiderlegbaren, stichhaltigen und absolut erdrückenden Vorhaltungen des ermittelnden Kommissars, zum Beispiel Columbos, seine Chancenlosigkeit erkennt und aufgibt: »Columbo, Sie haben mich!« Hohe Intelligenz geht also mit einer niedrigen Einsichtigkeitssperre einher. Im Gegensatz zum debilen Täter mit niedriger Intelligenz, der mit einer hohen Einsichtigkeitssperre versehen ist. Dem kann man Indizien und Zeugen eines Kalibers aufbieten, bei dem der intelligente Täter längst die Segel gestrichen hätte – er, der dumme Täter, sagt trotzdem: »Ich war es nicht!« Bei unserem perfektesten Verbrechen ist jedoch selbst diese Regel außer Kraft gesetzt. Wir haben hochintelligente Täter, die es trotzdem nicht gewesen sein wollen, also Intelligenzbestien mit einem Höchstgrad an Einsichtigkeitssperre.

Mit James Bond, das war Steinbrück klar, kommen wir bei solchen Oberschurken nicht weiter. 007 kann zwar fighten und fliegen und hat die Lizenz zum Töten, aber vom Bilanzverfälschen und Scheckschummeln auf höchstem Niveau hat er keinen blassen Schimmer. Da braucht es Top-Agenten eines anderen Kalibers, um in diese abgeschottete Welt einzudringen.

Wer könnte in diesen Kreisen durchblicken, sich auf diesem Parkett bewegen, als ob er dazugehöre, und mitreden, ohne aufzufallen? Wer könnte skrupellos genug sein, das frisch erworbene Vertrauen zu verraten, ohne nachts schlecht zu schlafen und schlimm zu träumen? Wer könnte so abgebrüht und abgefeimt sein – da sind wir wieder bei James Bond –, mit den anderen Bridge und Poker zu spielen und ohne Blamage beim Golf bis zum achtzehnten Loch mitzuhalten? Eine ganz harte Nuss. Kaum zu knacken.

Da erinnerte sich Steinbrück, bekennender Fan von Action-Kino und Thrillern mit dem Favourite *Die drei Tage des Condor*, eine ähnliche Schurken-Story schon mal im Kino gesehen zu haben. Aber welcher Film, verdammt nochmal, war das nur? Kurzes Grübeln, dann kam's wieder hoch: *Schweigen der Lämmer!* Da vernascht ein unbekannter Wüstling am laufenden Band junge Frauen, das heißt, er frisst sie auf, ein Kannibale demnach, über den es keinerlei Erkenntnisse gibt und niemanden, der sich in solch ein menschliches Untier hineinversetzen könnte, so dass selbst die höchstintelligente Kommissarin Jodie Foster im Nebel stochert. Doch dann besinnt sie sich gerade noch rechtzeitig auf einen Kannibalen im Nachbarknast, Hannibal Lecter, den sie aufsucht und um Beistand als Profiler bittet, worin dieser, ihrer ansichtig (»lecker Mädchen ...«), ihr auch gerne entgegenkommt, also schnell und versiert das Profil des Täters erstellt und damit die richtige Spur zum Massentäter legt, auf dass dieser in allerletzter Minute, ganz knapp bevor er sein aktuelles Opfer erledigt, geschnappt werden kann.

Da war für Steinbrück die Frage, wer Ackermann auf die Schliche kommen und ein Gegenmittel entwickeln könnte, schlagartig geklärt – es konnte nur einer sein: Ackermann!

Schlau, oder? Aber eigentlich ein uralter Hut. Dahinter steckt nichts anderes als die abgekaute Erkenntnis aus der Brandbekämpfung, die da lautet: Am besten löscht das Feuer, wer es gelegt hat.

Und der Feuerteufel der Finanzen war über die Anfrage, ob er, Ackermann, einen Rettungsschirm gegen seine, Ackermanns, Machenschaften entwickeln könne, sehr geschmeichelt, fast als hätte er sie erwartet, und sagte spontan mit den Worten zu: Ja, warum nicht, ich spiele gerne den Gärtner!

So kam es, dass Ackermann, einer der Mitverursacher des Debakels, zur Rettung aus selbigem herangezogen wurde und diese Aufgabe dermaßen erfolgreich erledigte, dass er ein knappes Jahr später an den Miesen, die er mit zu verantworten hatte, schon wieder verdiente, und aus den Verlusten ein Riesengeschäft für seine Bank und sich machte.

Ein Guter Schuft ist die halbe Miete

Jeder gute Thriller, wir kennen das von den James-Bond-Filmen, braucht einen guten Schurken. Genauso ist es bei der Finanzklamotte, und weil hier der Schurke durchaus sanft daherkommen kann, ist Ackermann keine schlechte Besetzung. Wichtig ist vor allem, dass er in der Lage ist, gegebenenfalls die ganze Welt in den Untergang zu treiben. Dieses Potenzial ist bei unserer Finanzkrise durchaus drin, wenn man Kennern wie dem amerikanischen Notenbankchef Ben Bernanke oder auch unserem Helden Peer glauben darf. Sprachen sie denn nicht vom GAU, dem größten anzunehmenden Umsatz, von der drohenden Kernschmelze unserer gesamten Zivilisation?

Wo Bertolt Brecht damals noch fragte, was der Einbruch in eine Bank gegen die Gründung einer Bank sei, ist unsere heutige Erkenntnis ein Stück weiter: Was ist die Gründung einer Bank gegen den Konkurs von Lehman Brothers? Was die Gangster für die gefühlte Welt des Kinos, sind die Bankster für die reale Welt der Finanzen.

Genießen wir also, dass wir mit Ackermann einen hervorragenden Schurken haben, der im Derivaten- und Dividenden-Drama perfekt den gierig grinsenden Generalissimus des Geldes gibt.

Schurken und Pausenclowns

Wer sich nicht darauf einstellt,
wie die Welt funktioniert,
wird niemals erfolgreich sein.
Josef Ackermann

Prophet Ackermann

Will man Ackermann annähernd anständig würdigen, kommt man nicht umhin, zunächst einige seiner Verdienste ins rechte Licht zu rücken, denn Ackermann ist einer, der das Gras wachsen hört, weshalb er seinen Bankerkollegen oft um einige Nasenlängen voraus ist. Oh ja!

War Ackermann nicht das erste Mitglied seiner Gilde, das vor den Tücken des freien Marktes gewarnt hat? Und zwar bereits im Frühjahr 2008, also ein halbes Jahr bevor die Krise richtig einschlug, zu einem Zeitpunkt, als Steinbrück noch zuversichtlichst meinte, die hiesige Wirtschaft sei von den amerikanischen Turbulenzen unabhängig.

Hat Ackermann dann nicht als Erster riskiert, lauthals an den Selbstheilungskräften der Märkte zu zweifeln, und schon vor Ausbruch der Krise gefordert, dass der Staat eingreift, bevor die Banken pleitegehen? Da brach in seinem Berufsverband doch blankes Erstaunen und Entsetzen aus! Konnte das sein? Der oberste deutsche Banker, der Kämpfer für die uneingeschränkte Freiheit des Kapitals und die totale Globalisierung, ruft nach dem Staat? Weiß Ackermann denn eigentlich, fragten sich damals die Westerwelles in heller Aufregung, was er damit sich und seinesgleichen antut, und auch uns, seinen treuen Unterstützern und Nachbetern?

Da hat man in Hunderten von Polit-Talkshows das freie Unternehmertum heiliggesprochen, damit die Besserverdienenden tun und entlassen können, was, wann, wen und soviel sie wollen. Da hat man zugleich denen, die es bisher und auch in weiterer Zukunft noch nicht besser verdient haben, eingebimst und eingetrichtert, dass es zu ihrem Elend keine Alternative gebe. Da haben die allerklügsten Köpfe des Landes, wie neulich noch Frau Brigitte Griesgram Seebacher-Brandt, Oberbesserwisser Hans-Olaf Henkel und das kaltschnäuzige Raubein Wolfgang Clement in höchster Arroganz auf all jene eingedroschen, die wagten, auch nur den leisesten Zweifel an der Richtigkeit dieser Ungerechtigkeiten zu äußern. Da haben sich von Frank Plasberg über Maybritt Illner bis Anne Will die knallhärtesten Moderatoren und strengsten Talk-Dominas alle öffentlich-rechtliche Mühe gegeben, die unfrohe Botschaft unters Volk zu bringen: Extrem hohe Gewinne und zahllose Entlassungen sind kein Widerspruch, sondern die in Stein gehauene Logik der globalisierten Welt, auch und gerade beim Exportweltmeister Deutschland, und die, die nichts mehr zu beißen und zu heizen haben, sollen nicht ständig nach dem Staat rufen, sondern dickere Pullover anziehen. Und dann fällt der oberste Spitzenkapitalist öffentlich vom Glauben ab und ruft nach dem Staat? Was war denn in den gefahren? Ackermann, ein Renegat und Verräter? Ein Ketzer, den man früher auf den Scheiterhaufen verfrachtet hätte? Oder hatte er ein Saulus-Paulus-Erlebnis gehabt und bekannte sich nun endlich zu der bitteren Wahrheit, dass auch er vorher dummes Zeug gequasselt hatte? Wurde man hier Zeuge einer jahrelang zurückgehaltenen Einsicht?

Nichts von alledem, denn Ackermann nahm unmittelbar danach noch einmal Stellung. Er rufe keineswegs nach dem Staat, er meine keineswegs, dass dieser eingreifen müsse. Er habe nur gesagt: Wenn der Staat jetzt nicht eingreift, dann wird es hernach, wenn die Banken pleite sind und keine Sparguthaben und Kredite mehr auszahlen können und der Staat dann um ein Eingreifen nicht mehr herumkommt, noch schlimmer für den Staat. Und das müsse er, ohne damit nach dem Staat zu rufen, dem Staat doch rechtzeitig sagen, damit dieser, wenn dann alles den Bach runtergegangen sei, ihm nicht den Vorwurf machen könne, nicht rechtzeitig nach dem Staat gerufen zu haben.

Ackermann – ein professioneller Prophet, der, wer konnte das damals schon ahnen, sich selbst herbei prophezeit hatte. Allerdings etwas zu früh, um schon richtig verstanden zu werden.

Ackermanns Verzicht

Als dann die Krise auch hier eingeschlagen hatte und es vor bankrottierenden Bankern wimmelte, die die Weltwirtschaft an den Rand des Abgrunds getrieben hatten und nun mit ungebremster Gier, aber vertraglich gutem Recht, ihre Boni einklagten, also ihre Erfolgsbeteiligung daran, dass sie Milliarden Miese gemacht hatten – damals musste man sich nicht wundern, wenn in den USA, in Frankreich und in Griechenland der Volkszorn überkochte, Autoscheiben eingeschlagen, Reifen aufgeschlitzt und die Banker und Manager selbst von den eigenen Angestellten im Büro eingesperrt wurden.

Nur du, glückliches Deutschland, hattest es auch in dieser dunklen Stunde besser, denn du hattest Josef Ackermann, diesen Leuchtturm der Tugend, der im Vorhinein auf seine Boni verzichtete und, halten Sie die Taschentücher bereit, in diesem Schicksalsjahr nur zehn Prozent seines gewöhnlichen Gehalts kassieren wollte. Nur zu, Sie müssen sich Ihrer Tränen der Rührung nicht schämen. Nun gut, Ackermann bekam zwar immer noch über eine Million Euro, aber wird jetzt nicht überdeutlich, mit welchem Risiko diese Spitzenkraft des Geldgeschäfts all die Jahre gelebt, wie sie stets um ihr Einkommen gezittert haben musste? Waren doch von den vierzehn Millionen, die Ackermann im Jahr zuvor verdient hatte, noch nicht mal zehn Prozent garantiert gewesen! Über neunzig Prozent hatte eine höchst unsichere Erfolgsbeteiligung ausgemacht, die Ackermann immer wieder neu erackern und erschuften musste!

Schon diese seelische Belastung wäre einen Bonus wert, denn welcher Lehrer (beispielsweise) würde es psychisch verkraften, wenn er nur zehn Prozent seines Gehalts als Fixum bekäme, der andere, entscheidendere Teil aber von seiner jährlichen Leistung abhinge, also etwa von der Anzahl der Schüler, die er durchfallen lässt – da würde sich der durchschnittlich gestandene Lehrer doch sofort bis zum Erreichen der Pensionsgrenze krankschreiben lassen!

Und hat nicht Ackermann im Herbst 2008 auf den ihm zustehenden Bonus verzichtet, ihn zwar nicht an die Armen gegeben, aber immerhin verdienten Mitarbeitern seiner Bank vorab geschenkt? Wie kann er das, wurde damals empört gefragt, wo der Bonus doch noch gar nicht feststehe, es ihn bei der Krise und den Verlusten auch der Deutschen Bank zudem gar nicht würde gegeben haben können?

Da zeigt sich das große Unwissen der meisten Menschen, die keine Ahnung haben, wie sich so ein Bonus zusammensetzt. Ein Bonus besteht aus mindestens drei Teilen, und nur ein gewisser Teil richtet sich nach dem tatsächlichen Gewinn, ein zweiter dagegen nach dem Aktienkurs. Okay, da war in der Tat heuer nichts zu holen. Der dritte Teil bemisst sich aber danach, wie sich die Deutsche Bank in guten wie in schlechten

Zeiten im Vergleich mit anderen großen Banken schlägt, zum Beispiel der Chase Manhattan oder der Schweizer UBS. Wenn die Deutsche Bank da durch Ackermanns Leistung besser abschneidet, gibt's ein ordentliches Extra. Diesen Abgleich, der in Gewinnerzeiten nicht weiter auffällt, gibt es aber auch in weniger gewinnbringenden und sogar minusbringenden Zeiten. Und wenn in diesen Geldgewittern bei der Deutschen Bank Gewinn und Kurs tief in den Keller rutschen, bei der Manhattan Bank sacken sie aber noch weitaus tiefer, gibt's auch im Minus einen positiven Unterschied, so dass Ackermann auch bei größten Verlusten noch einen Superbonus absahnt.

Nach dem katastrophalen Kassensturz zum Jahresende wäre diese Konstruktion unerbittlich ans Licht gekommen – was unerträglich peinlich geworden wäre. Oje, Image komplett vermasselt! Also sagte sich Ackermann schon im Herbst: Rechtzeitig weg damit! Gut gemacht, Josef, kann man da nur sagen, endlich mal ein Mann, der in die Zukunft blickt.

Ackermann wieder vertrauen

Auch Banken, auch die Deutsche Bank, brauchen wieder Vertrauen. Ist das immerwährende Zinsen-Streben nicht wie ein ermüdendes Rattenrennen um Reibach und Renditen? Hier ist durch die Verluste zwischenzeitlich eine gewisse Apathie eingetreten, da duckte man sich weg, da spielte man klein-klein – aber nun werden wieder Gewinne gemacht, zumindest bei der Deutschen Bank.

Selbst Ackermann ließ sich nicht lumpen, sondern krempelte die geistigen Ärmel hoch, um bei der Rekonstruktion des Vertrauens mitzuwirken. Sein Lieblingsbaustein war das Wort »sozial«, das er ganz ohne Scheu in den Mund nahm und, für einen Banker sehr originell, mit dem Begriff »Marktwirtschaft« koppelte. Wahnsinn! Er scheute sich nicht einmal, eigenes Versagen beim Debakel zuzugeben.

»Ja«, sagte er, »auch wir haben Schuld.« Wie sympathisch und in seiner Demut überzeugend! Aber »neben Fehlern der Banken hat auch ein schlechtes Image in den Medien zum Ansehensverlust des Wirtschaftssystems geführt.« Das muss man als Wiederholung in Zeitlupe genießen: Die Banken machen Fehler, worüber die Medien berichten, und dieses Echo auf die Fehler, nicht die Fehler selbst, führt zum Verlust des Ansehens und damit des Vertrauens. Das heißt, der Hall ist für den Ton verantwortlich, nicht der Ton selbst. Gut gejodelt, Ackermann! Da merkt man seine Herkunft aus den Schweizer Alpentälern, wo das Echo des Jodlers vielfach gebrochen zurückschallt, so dass man schnell nicht mehr weiß, wer zuerst gepfiffen hat, also wo die Ursache sitzt, was dann auch egal ist, da die Wirkung ja ohne weiteres als Ursache ausreicht.

Ein Banker, der sich mit solch schlichter, aber schlitzohriger Effektivität aus der Verantwortung zu stehlen weiß, hat wahrlich Vertrauen verdient. Und Ackermann lächelt, ohne geistig im mindesten verschwitzt auszusehen, wenn er mit seiner bekannten Unschuldsmiene die Lösung eines Übels anbietet, das er selbst verursacht hat. Ein Hausierer auf höchstem Niveau, der uns dazu bringt, ihm das Besteck abzukaufen, damit dem wir die Suppe auslöffeln können, die er uns eben eingebrockt hat.

Und dann ist das Vertrauen auch schon wieder da, das für die Dividenden und Renditen so wichtig ist, der Kurs der Deutschen Bank macht einen Freudensprung nach oben, und wo es vor kurzem noch hieß:

Meine Zukunft ist versaut,
ich hab der Deutschen Bank vertraut,

lautet die frohe Botschaft heute:

Gingen auch Bilanzen in die Binsen
Ackermann lässt wieder Zinsen grinsen.

Das Frühjahr kam, der Schnee schmolz, und die Deutsche Bank machte nach den satten Verlusten zuvor schon wieder grandiose Gewinne. 25 Prozent Kapitalrendite sind wieder drin, Josef Ackermann ist wieder ganz oben. Und klopft – die Schwafelpause, die uns kurze Zeit vergönnt war, scheint ebenfalls schon wieder vorbei zu sein – die ganz dummen Sprüche. Denn auch das kann er sich bereits wieder leisten, frei nach der Regel: Wer Rendite macht, hat Recht. »Ich weiß nicht«, lamentierte er in affektiertem Biedersinn, »warum man in Deutschland im Fußball Weltmeister werden will, aber nicht will, dass eine deutsche Bank um den Weltmeistertitel mitspielt.«

Da ist man baff. Ein Vergleich wie ein Knallfrosch. Vergleiche sind bekanntlich ein Mittel der Rhetorik, um Dinge zu erklären. Oder um Erklärungen vorzutäuschen und Dinge zu verunklären. Vergleiche sind, um jetzt selbst mal einen Vergleich zu wagen, wie Wertpapiere – hier wie dort gibt es gute und toxische. Gute Vergleiche erkennt man am Aha-Erlebnis, das sie auslösen. Sie können, wenn der Durchblick flöten geht, durchaus helfen. Toxische Vergleiche hingegen wirken wie ein Schlag auf den Kopf mit dem Gummihammer. Sie zermatschen das Denken, blockieren die Denkströme, belasten das geistige Konto und können das ganze Hirn in den Bankrott treiben. Müssen sie aber nicht. Schließlich lautet die Regel der Kölner Kohlenhändler, wenn sie in Verdacht geraten, mehr zu kassieren, als sie geliefert haben: »Ein Zentner Kölner Koks kann 50 Kilo wiegen, muss aber nicht.«

Pausenclown

In jedem guten Drama gibt es neben den tapferen Helden und dreisten Schuften als Kontrast einen Komiker, einen albernen Tollpatsch und kauzigen Clown, und so einen gab es natürlich auch bei uns. Unser Tollpatsch war als gespaltene Persönlichkeit angelegt, die sich oftmals Sodann nennt, sodann aber auch unter dem Namen Ehrlicher auftrat. Ein Spaß-Spießer aus Sachsen-Anhalt, der die Witz-Potenz von Tünnes und Schäl in einer einzigen Person vereint, aber zuweilen auch einen durchaus hintergründigen Humor vermitteln kann.

Als er von der Partei Die Linke als Kandidat für das Amt des Bundespräsidenten präsentiert wurde, antwortete Sodann auf die Frage, ob er sich das Amt rein energiemäßig überhaupt zutraue, mit der Behauptung, er gestalte sich jeden Morgen ein Erfolgserlebnis, indem er mit einem Kreuzworträtsel auf die Toilette gehe, allerdings nur mit einem solchen, bei dem die Lösung auf der Rückseite aufgedruckt sei, so dass er, wenn sich die eine Verrichtung dem Ende nähere, auch die Rätselaufgabe zeitnah abschließen könne, wodurch er täglich eine Win-Win-Win-Situation erlebe, und zwar in autonomer Eigenleistung. Tja, so kann Humor wohl auch daherkommen.

Sodann gelang es jedoch sodann, den abgefeimten Schurken Ackermann mit einer populistischen Pointe auf die Palme zu bringen. Wenn er im Fernsehen wieder mal den Kommissar Ehrlicher gebe, meinte Sodann, »würde ich Herrn Ackermann, den Chef der Deutschen Bank, verhaften« – so die Humor-Attacke des Hallensers, mit der er den Master of the Universe Ackermann aber so was von aus dem Stand ins Mark traf –

wie Tells Geschoss, möchte man sagen – und den Banken-Boss, den Landvogt Gessler des Geldes, zu einer peinlichen Gegenpointe provozierte: Wenn in Deutschland einer so was sagen darf, dass er mich, den Josef Ackermann, einen Spitzenbanker, verhaften will, dann habe ich Angst um Deutschland! Darauf muss man erst mal kommen. Aber wer sollte und warum sollte man um Deutschland Angst haben, wenn Ackermann verhaftet würde? Umgekehrt wird doch eher ein Schuh draus. »Mensch Sepp«, habe ich Ackermann da gesagt, »muss man Ihnen jeden Witz erklären? Hallo!? Das war doch nur ein Scherz!« Leider.

Die andere Power-Pointe des Kandidaten-Komikers saß noch besser. Er glaube nicht, sagte Sodann, dass Deutschland noch eine richtige Demokratie sei. Da jaulte nicht nur Ackermann auf, das Echo auf diese geistige Platzpatrone hallte aus allen politischen und wirtschaftlichen Ecken der Republik, von allen Westerwelles des Landes wider – also auch hier ein Volltreffer vom verschmitzten Schalk aus Halle. Deutschland keine Demokratie mehr? So etwas darf man denken, aber doch nicht aussprechen! Außerdem, meinte Westerwelle, waren wir schon immer für einen schlanken, aber starken Staat – schlank, will meinen alle Aufgaben privatisieren, aber zugleich stark, damit die Gewerkschaften, diese »Plage« des Landes, gleich eins aufs Dach kriegen können, wenn sie frech werden. Deutschland keine richtige Demokratie – auf so was gehört Gefängnis! Mit anschließender Sicherheitsverwahrung. Oder gleich ab in die Klapsmühle mit Sodann oder Ehrlicher, oder am besten gleich mit beiden, und zwar in die Abteilung für gespaltene Persönlichkeiten. Gute Idee, was?

So würde Sodann, nachdem er als Ehrlicher den Ackermann verhaftet und eingebuchtet hätte und dieser in seiner Zelle schmachtete, selbst wegen landesverräterischer Überzeugungen festgenommen werden – rechtzeitig, bevor er als möglicher Präsident in den Schutz der Immunität geraten könnte – und landete sodann in derselben Zelle wie Geld-Guru Ackermann. Und wir wären mit Ehrlicher live dabei beim Höhepunkt dieser Kombination von Drama und Klamotte: Big-Brother-TV auf dem höchsten, also tiefsten Niveau, das sich das Unterschichten-Fernsehen ausdenken kann. Morgens wacht Sodann wegen präseniler Bettflucht als Erster auf und setzt sich aufs Zellenklo, ist mit dem Kreuzworträtsel aber noch lange nicht fertig, als Ackermann schon muss. Na ja …

Geistige Räume dicht machen

Zurück zur Krise. Krisen müssen über ein besonderes Merkmal verfügen, wenn sie die Bezeichnung Krise wirklich verdient haben wollen: Sie dürfen in diesem Ausmaß nicht vorhersehbar gewesen sein. Eine Krise, von der man hätte wissen können, dass sie eine Krise wird, kann keine echte Krise sein. Da steht dann zwar Krise drauf, ist aber keine echte Krise drin. Krisen gibt es heutzutage also jede Menge, wohin man auch blickt, aber – bitte! – das sind alles Krisen, auf die man so gar nicht vorbereitet war, das heißt, vorbereitet sein konnte – behauptet man. Doch, doch, also nein, nein: Dass es so kommen würde, wie es kam, das konnte man, sagt man, bei keiner dieser Krisen wissen. Man ahnte es zwar und war oft auch gut informiert, aber dass es dann tatsächlich so kommt, wie es eigentlich, wenn man davon wusste, logischerweise kommen musste, das konnte nun wirklich keiner wissen.

Das gilt für so gut wie alle Krisen, die uns in diesen Zeiten heimsuchten und immer noch behelligen – von der Finanzkrise über die Opelkrise, die Krise im Atomlager Asse und die Vertrauenskrise bei der Bahn AG, bis hin zu den Pleitegeschäften im Cross-Border-Leasing und den Zusammenbrüchen durch den Kölner U-Bahn-Bau. Und – bitte schön! – dass man es nicht wissen konnte, das muss jetzt wirklich jeder wissen. Das gilt vor allem für solche Zeitgenossen – und damit kommen wir zum nervus rerum, also zum Kern des Pudels –, die nach den Ursachen derartiger Krisen fragen, was nicht nur kontraproduktiv, sondern extrem gefährlich ist, weil mit der Ursache unter Umständen auch die Verursacher erkannt, womöglich sogar die Schuldigen benannt werden könnten, was dann am Ende zur Folge haben könnte, dass diese zur sogenannten Rechenschaft gezogen würden! Das aber wäre ein Spiel mit dem Feuer, gerade in einer echten Krise, weil dadurch das Vertrauen untergraben würde, das in einer Krise extrem wichtig ist. Also Finger weg!

Aber Gott sei Dank gibt's Mittel und Wege, das Vertrauen in der Spur zu halten – die sogenannten »Leitplanken«, die geistig-moralischen, die es wohl schon immer gegeben haben muss, die aber erst neulich wieder vom frisch ins Amt geliften Wirtschaftsminister zu Guttenberg sprachlich freigeschaufelt wurden: »Die Leitplanken«, sagte er, »müssen stimmen und bei Bedarf enger gestellt werden.« Und warum? Ja mein Gott, damit die geistig ausgetretenen Pfade auch in der Krise begehbar bleiben. Leitplanken enger stellen? Geht das überhaupt? Aber natürlich! Kennt jeder von den Baustellen auf der Autobahn. Da wird's dann nicht nur eng, sondern auch langsam und unfallträchtig. Stauerzeugende Maßnahmen sozusagen. Nicht nur für die Durchfahrt, auch für den Durchblick.

Wie im Winter der Schneepflug, so kommt in der Krise die Phrasendreschmaschine zum Einsatz, schiebt Schädliches beiseite und räumt ratzfatz auf. Was beim Streufahrzeug das Salz, sind hier die ätzenden Sätze, mit denen die geistige Fahrbahn blankgeputzt wird. Zum Beispiel, wie schon erwähnt: »Das hat so keiner wissen können.« Oder: »Wir müssen jetzt nach vorne sehen!« Sowie: »Jetzt ist wirklich nicht der Augenblick für Ursachenforschung!« Und: »Also bitte keine voreiligen Schlüsse ziehen!« Auch gern genommen: »Schuldzuweisungen bringen uns hier überhaupt nicht weiter!« Außerdem: »Es handelt sich eben nicht um eine Systemkrise, sondern um Einzelfälle!« Ferner: »Aber auch da helfen Pauschalverurteilungen in keinster Weise weiter!« Undsoweiterundsofort …

Die standardisierten Totschlagargumente, in tausend Talkshows abgeschliffen und von der Stiftung Schwafeltest wärmstens empfohlen, haben Hochkonjunktur.

Manchmal kommt es dabei zu kunstvollen Pirouetten, wie neulich bei Professor Hans-Werner Sinn aus München, erkennbar am Zackenbarsch-Backenbart und der Ausstrahlung einer domestizierten Mischung aus Hotzenplotz und Rübezahl, der versuchte, zu retten, was an Image noch zu retten ist. Als Chef des Münchner Ufo-Instituts kann er es sich leisten, manchmal als geistig tieffliegende Untertasse zu landen, etwa letztens, als er gefragt wurde, ob er diese Krise nicht habe kommen sehen. Selbstverständlich habe er diese Krise kommen sehen! Ob er dann auch etwas gesagt habe, um diese Krise zu verhindern? Nein, habe er natürlich nicht, denn er habe sie ja empfohlen … Nun gut, das hat Professor Sinn nicht gesagt, sondern: Er habe nichts gegen diese Krise gesagt, um sie nicht herbeizureden.

Das ist als ob … Als ob Sie durch das Fenster beobachten, wie ein Ball auf die Straße springt, ein Kind hinterher springt; das Kind hat den Ball noch nicht erreicht, das heranfahrende Auto hat aber bereits das Kind erreicht und platt gefahren und Sie werden danach von der Mutter zur Rede gestellt, warum Sie das Kind nicht gewarnt haben und Sie dann zu Ihrer Rechtfertigung ausführen: Ich wollte das Kind doch nicht erschrecken.

Oder Frau Dr. Seebacher-Brandt, die, als sie in der Talkshow *hart aber fair* forderte, man solle jetzt nicht nach Ursachen forschen, sondern nach vorne sehen, von einem Mitdiskutanten eins auf die Ohren bekam: Nach vorne sehen? Wie wollen Sie, Frau Doktor Seebacher-Brandt, das bloß machen, fragte er, ich dachte, Sie sind Historikerin?

Auch Guido Westerwelle kam bei dem Bemühen, den Kapitalismus vor dem Staat zu retten, in prekäre Sprachnöte, als er warnte: »Der Staat ist nicht der bessere Banker, er hat nur mehr Geld.« Damit erzielte er eine ähnlich starke Beweiskraft, wie wenn er formuliert hätte: »Das Auto ist nicht das bessere Fahrrad, es hat nur vier Räder.«

Wenn die Kritiker des Kasino- und Turbokapitalismus überhand nehmen, orientiert man sich am besten an Taktiken aus dem Fußball. Versagen da die Sturmspitzen und werden die Konter des Gegners immer torgefährlicher, gilt es, die eigenen Räume dicht zu machen, damit der Kasten sauber bleibt.

Erinnern Sie sich noch an den Sieg der deutschen Nationalmannschaft im alten Wembley-Stadion, damals bei der Europameisterschaft? An das Golden Goal von Oliver Bierhoff? Als Kanzler Kohl, der dem Spiel beigewohnt hatte, direkt nach dem Sieg in die verschwitzte Kabine der deutschen Elf kam, um allen persönlich zu ihrem Erfolg zu gratulieren, fragte ein Reporter unmittelbar danach Mehmet Scholl, wie es denn gewesen sei, als der Kanzler zu Gratulation und Händedruck in die Umkleide kam, worauf Mehmet Scholl klar und präzise antwortete: »Eng!«

Doch wenn es ganz eng wird, muss man die geistigen Räume komplett abblocken, wofür sich Vergleiche mit Hitler, Goebbels, Göring, SS und SA, sowie Schockbeispiele wie Pogrom, KZ und Holocaust als Munition anbieten. Diese Untergrund-Assoziationen haben sich immer wieder als effektiv erwiesen, es sei denn, es wurde peinlich, aber dann hatte man sie böswillig aus dem Zusammenhang gerissen.

Wie damals bei Kohl, für den Wolfgang Thierse, der Rübezahl vom Prenzelberg, der schlimmste Bundestagspräsident seit Göring war – was Kohl dann weder bestätigte noch dementierte, ein klares Anzeichen dafür, dass er es tatsächlich gesagt hatte. Aber, meinte Kohl, der Satz wurde erstens nicht so gesagt. Und zweitens wurde er aus dem Zusammenhang gerissen. Und drittens lautete er sowieso ganz anders. Damit begann das klassische Verwirrspiel, denn wer behauptete, dass Kohl, wenn er Thierse in einem Atemzug mit Göring genannt habe, deswegen Thierse auch mit Göring verglichen habe, schmiss mutwillig Äpfel und Birnen durcheinander. Denn Göring war Präsident des Reichstags, während Thierse Präsident des Bundestags war, und zu Lebzeiten Görings gab es bekanntlich noch keinen Bundestag, weswegen ein Vergleich ohnehin ausschied und in diesem Sinne zumindest hinterher gar nicht gemeint gewesen sein konnte, genauso wenig, wie wenn man sagen würde, die neue Autobahn zwischen Köln und Leverkusen sei die hässlichste seit Hitler. Denn erstens gibt es gar keine neue Autobahn zwischen Köln und Leverkusen, und zweitens brachten Hitlers Autobahnen Kraft durch Freude.

Ganz im Gegensatz zu Kohls nachmaliger Äußerung, dass Gorbatschow der fieseste Demagoge seit Goebbels sei, was insofern auch kein richtiger Vergleich war, weil Goebbels zwar ein fieser Demagoge war, Gorbatschow aber eigentlich Gorbi hieß und schuld daran war, dass es ohne Kohl die deutsche Einheit nicht gegeben hätte.

Was Göring angeht, hätte man also höchstens sagen können, dass er als Politiker noch dicker war als Kohl. Aber das führt auch nicht weiter, denn Kohls Ausspruch fiel schließlich nicht im Bundestag, wo Thierse Präsident war, sondern im Restaurant, wo Kohl seinen Saumagen vertilgte, und das ist ein privater Intimbereich, der geht niemanden was an, da wird gerülpst, gefurzt und gescherzt, da kann man sich doch denken, auf welchem Niveau dabei historische Vergleiche gezogen werden, so dass die Formulierung im Grunde nur Kohls Verwunderung zum Ausdruck bringen sollte über die Frage: Was hat ein SPD-Bundestagspräsident wie Thierse überhaupt im Reichstag zu suchen? Während Goebbels, um auf ihn zurückzukommen, eigentlich Geißler hätte heißen müssen – wenn man damals Willy Brandt Glauben schenken konnte.

Diese unehrwürdige Tradition jedenfalls griff der niedersächsische Ministerpräsident Christian Wulff vor kurzem in einer Rede-Runde beim Talkmaster Michel Friedman auf, als er formulierte, die Kritik an den Bankern schüfe eine neue Pogromstimmung. Dass er das ausgerechnet am achten November sagte, dem Vorabend des neunten, dem Jubiläum vieler deutscher Schicksalstage, also auch der Reichspogromnacht, machte seine Argumentation besonders delikat. Anders als Kohl entschuldigte sich Christian Wulff immerhin drei Tage später bei der Jüdischen Gemeinde, meinte aber auch, dass seine Aussage wohl etwas aus dem Zusammenhang gerissen und missverstanden worden sei.

Professor Sinn griff in die gleiche Munitionskiste, um Kritiker und Ursachenforscher in die braune Tonne zu kloppen, und warnte vor Kritik, denn, so der von ihm formulierte Unsinn, was 1929 die Juden waren, seien heute die Banker. Blankes Entsetzen bei der Jüdischen Gemeinde in München – und Professor Sinn entschuldigte sich kurz danach ebenfalls mit dem Hinweis, hier sei der Zusammenhang etwas zerrissen worden.

Gerissene Zusammenhänge

Da kommt man einfach nicht drum rum, wenigstens zu versuchen, das Standard Klischee vom »gerissenen Zusammenhang« zu würdigen. Gerissene Zusammenhänge? Sieht mir nach einer klassischen Billigverteidigung aus, die den Verdacht der Dümmlichkeit praktisch immer bestätigt.

Ein gutes Beispiel dafür bot der schwäbische Ministerpräsident Oettinger, als er behauptete, sein Vor-Vor-Vor-Gänger Hans Karl Filbinger, der »furchtbare Jurist«, sei kein aktives Mitglied der NSDAP gewesen, sondern ganz im Gegenteil sogar ein aktiver Hitler-Gegner. Das ging der duldsamen und elastischen Parteivorsitzenden Merkel dann doch über die Hutschnur, da wurde selbst sie in der Pfanne verrückt und kritisierte Oettinger einigermaßen, worauf sich dieser dann ebenfalls mit der Ausrede zu rechtfertigen versuchte, seine Aussagen seien aus dem Zusammenhang gerissen. Er habe sie im geschützten Raum des Freiburger Münsters getätigt, und da sei es geistig dunkel, weshalb er Anrecht auf intellektuelles Kirchenasyl hätte.

Außerdem sei Filbinger zwar in der Tat Mitglied der NSDAP gewesen, gar keine Frage, aber eben kein aktives. Eine Mitgliedsnummer habe er natürlich auch gehabt, völlig normal damals, aber gar nicht mal eine so hohe!

Zurück zum Vergleich mit jüdischen Schicksalen – vermutlich sind weder Professor Sinn noch Ministerpräsident Wulff

Antisemiten und auch nicht dermaßen ungebildet, dass sie von der jüngeren deutschen Geschichte gar keine Ahnung hätten. Warum dann diese – im wahrsten Sinne des Wortes – Totschlagargumente? Wo liegt der Sinn in der Aussage von Professor Sinn? Was ist bei Wulffs Worten die eigentliche Pointe?

Die Antwort findet sich, wer hätte das gedacht, bei Roland Koch! Als Bsirske – das ist keine Sprechübung, sondern der Vorsitzende der Gewerkschaft ver.di – bereits vor einiger Zeit forderte, dass die Reichen mehr Steuern zahlen, brach bei der Einkommensgruppe der mehrfachen Millionäre und Milliardäre die gefühlte Armut aus. Im Unterschied zur echten Armut, die nur dem Penner und dem Prekariat vertraut ist, die beide auch wissen, wie man diese Armut aushalten kann, denn was anderes kennen die ja kaum noch, wenn sie im Winter nachts unter der Isarbrücke festfrieren und morgens vom Sozialarbeiter mit dem Lötkolben aufgetaut und losgeeist werden müssen (»Geht doch!«) – im Gegensatz zur echten Armut kann es bei der gefühlten Armut, also wenn Reiche und Superreiche spüren, dass sie um ein paar Millionen erleichtert werden sollen, zu Schüttelfrost, zu Implosionen, ja sogar zu Katastrophen kommen, wie man neulich aus Schwaben erfahren musste. Deswegen stellte sich Roland Koch schützend vor die hessischen Reichen und versuchte die Bsirskesche Umverteilungs-Attacke im Keim zu ersticken – und zwar durch das Totschlagargument, die Forderung nach mehr Steuern verhalte sich zu den hessischen Reichen wie der Judenstern zum »Dritten Reich«.

Auch darauf folgte die gerechtfertigte und nachvollziehbare Empörung der dortigen Jüdischen Gemeinde, worauf Koch sich wiederum nach einigem Zögern zur Entschuldigung entschloss. Er entschuldigte sich allerdings nicht bei der Jüdischen Gemeinde, sondern bei Bsirske, worauf Erstere ziemlich verdutzt war. Koch versuchte sich zu rechtfertigen: Wenn ich jemanden beleidige und mich danach entschuldige, dann entschuldige ich mich doch beim Beleidigten und nicht bei der Beleidigung. Völliges Entsetzen war die Reaktion. Und Roland Koch, als Jurist mit glaskalter Logik vertraut, warb um Verständnis: Wenn ich, versuchte er zu verdeutlichen, jemanden, zum Beispiel meinen Nachbarn, den ich für einen Deppen halte, als Armleuchter beschimpfe, und mich dafür entschuldigen will, dann entschuldige ich mich doch beim Nachbarn und nicht beim Armleuchter. Da war's ganz aus, und Koch verstand erst mal die Welt nicht mehr. Eigentlich hatte er ja in logischer Hinsicht völlig Recht, weil er, genau wie Professor Sinn und Landesvater Wulff, keinesfalls die Juden hatte beleidigen wollen, sondern die Krisen-Kritiker. Das jüdische Schicksal benutzte er nur als Sack zum Draufschlagen, um den Esel darunter zu treffen, und damit die eigentliche Botschaft zu vermitteln, die da lautete: Alle heutigen Kritiker der Banker benehmen sich wie SA und SS damals. Brauner geht's nicht, und um diese geistige Notdurft zu kaschieren, werden die explosivsten Vergleichsgranaten verschossen, die aber, dumm gelaufen, meistens den schamlosen Schützen als Rohrkrepierer um die Ohren knallen.

Exorzismus in Satanam Oskar

Extrem kritisch wird es in der Krise, wenn man es mit Leuten zu tun bekommt, die die Krise schon früh prophezeit und vor ihr gewarnt haben. Denen gegenüber steigert sich die Hilflosigkeit ins Unermessliche, wie beim CDU-Schwaben Kauder, der im Fernsehen mit dem Leibhaftigen in Gestalt von Oskar Lafontaine konfrontiert wurde – was Kauder zu der Argumentation verleitete: Ja ja, Sie haben es damals schon gesagt, aber doch nicht, weil Sie es wussten, denn damals konnte man es seriös noch nicht wissen, sonst hätten wir es ja auch gewusst, sondern Sie haben es nur gesagt, um uns zu schaden.

Im Wahljahr 2009 herrschte eine besondere Gefahr, vor allem bei der Wahl im Saarland. Ja, dort ging geradezu ein Gespenst um – zwar nicht das des Kommunismus, nein, das Gespenst Oskar vielmehr, das als Lafontaine dort wieder aufgetaucht war. Wie damals die Türken vor Wien oder die Hunnen vor Hanau verschreckte es die Menschen, dieses Tabu in Menschengestalt. Würde man ihn austreiben können, diesen Gottseibeiuns, diesen gefallenen Engel der SPD? Mit Argumenten, wusste man, würde man ihm nicht beikommen. Früher hätte man solche Besserwisser und Andersredner als Häretiker und Hexer verbrannt, und auch jetzt half nur der Rückgriff auf archaische Rosskuren. Am besten hatte sich in solchen Fällen die Teufelsaustreibung bewährt, der Exorzismus.

Der Exorzismus – ein weitgehend aus der Mode gekommenes und vergessenes Verfahren, das man bei einigen klerikalen Eingeweihten aber noch lernen kann, beispielsweise beim Kölner Kardinal Meisner, bekannt als »Daumen Gottes«, und seinen beflissenen Trainern von Opus Dei. Dort erhielt man auch schnell Hilfe und praktische wie theoretische Unterweisung, um das Ritual richtig und effektiv durchführen zu können.

Hilfsweise wurden an der Saar Voodoo-Puppen ins Gefecht gebracht, wie sie zuvor schon in Frankreich aufgetaucht waren. Dort waren sie mit dem Gesicht von Sarkozy – angeblich die französische Übersetzung für »Sackgesicht« – zum Preis von zwei Euro in den Handel gelangt, folglich auch für Jugendliche mit maghrebinischem Migrationshintergrund erschwinglich, die nun mit den beiden im Preis inbegriffenen rostigen Nägeln auf die Puppe einstechen und sich so blendend abreagieren konnten. Sarkozy erfuhr davon, war äußerst geschmerzt –

der Zauber wirkte also, wie beim richtigen Voodoo nicht anders zu erwarten. Daraufhin befahl der Präsident einem Pariser Amtsrichter, diese Unsitte sofort und strikt per Schnellurteil zu unterbinden, worauf dieser mit »Bien sûr, Monsieur le Président!« salutierte und versicherte, er sehe sich das gleich mal an. Doch nachdem der Richter sich umgehend per Beschlagnahme eine Voodoo-Puppe hatte kommen lassen und zum Test selbst ein paar Mal hineingestochen hatte, musste er seinem obersten Dienstherrn vermelden: »Das, Monsieur le Président, kann ich nicht verbieten – so viel Spaß muss sein!«

Also waren nun auch im Saarland solche Puppen mit le visage de Lafontaine in Vorbereitung, und allerorten fand in Turnhallen und Wirtshaussälen das Exorzismus-Training statt, so dass der Reisende es im Saarland raunen und klingen hörte – auf lateinisch selbstverständlich, sonst funktioniert der Exorzismus nicht, und mit dem dramatischen »Dies irae« aus allen verfügbaren Requiems unterlegt.

Exorzismus in satanam Oskar! Was da heißt: Treiben wir ihn aus, den Satan Oskar. Und du, Saarbrücken, wo er wieder antritt, sieh dich vor ihm vor, du Perle des Saarlands, denn er, der leibhaftige Lafontaine, ist bereits wieder in dich gedrungen, dieser Incubus Oskar, dieses abtrünnige Alien, dieser Widergänger der SPD. Et angelos apostaticos! Vertreiben wir auch die gefallenen Engel der Linkspartei in seinem Gefolge! Außerdem hat sich immer bewährt, Schutzheilige um Unterstützung zu bitten: Sancte Münte Archangele! Heiliger heiliger Erzengel Müntefering, defende nos, verteidige uns im Kampf gegen diesen Blender, Hochstapler und Schreihals der Finsternis. Und natürlich auch für die Wählerinnen eine Schutzheilige: Sancta Angela! Heilige Madonna Mamma Merkel, bewahre uns vor diesem Populisten, diesem Demagogen, diesem Rattenfänger von Stimmen und Stimmungen, der vor keiner

Wahrheit zurückschreckt, wenn es um die Macht geht. Und, Mamma mia Merkel, rette uns auch vor Gregor Gysi, diesem nach Pech, PDS und Sozialismus stinkenden Giftzwerg und Klassenkampf-Kasper, und dem Gesocks seiner Roten Socken!

Lafontaine, du Luzifer, du serpens callidissime, hinterlistige Schlange du, wage es nicht länger, die Wählerinnen und Wähler zu täuschen und zu verführen! Mag auch Lafontaine »Brunnen« heißen, so bist du doch kein klarer Quell der Erquickung und frohen Erkenntnis, sondern eine trübe Pfütze von Lug und Trug, du kümmerlicher Kobold, der du die Menschen in diesem unserem Lande, die sich gerade an das Leid der Agenda 2010 gewöhnt hatten und lernten, ohne zu jammern und zu meckern, in stumpfer Ergebenheit unter der Last ihrer Hartz-Pakete zu leiden, aufstachelst mit platten Phrasen und primitiven Parolen aus der müden Mottenkiste des Marxismus, um auch euch hier unten, euch demütige Mitmenschen, Mitmacher und geistige Mittelständler, zu verhexen in miesepetrige Meckerer und maulende Meuterer, die nicht mehr an das glauben, was wir ihnen vormachen!

Exorzismus in satanam – mach dich vom Acker, Lafontaine, du Höllenhund! Draco maledicte, verfluchter Lindwurm, et omnis legio diabolica, und all deine teuflischen Linkslakaien, zieh Leine, vade! Hau ab! Verpiss dich! Mach dich vom Acker! Und am besten, Oskar, rumpelstilze dich selbst wieder weg, wie du es ja schon einmal erfolgreich getan hast, und ramm dich selbst, du Maulheld, ungespitzt in den Boden, auf dass du landest bei den Würmern, Maden und Maulwürfen, und erlöse uns damit von deinem Übel, bittebittebitte. Halleluja!

Holzwege

Wer nicht in der Lage ist, sich selbst zu belügen, besitzt nicht die sittliche Reife, andere zu verarschen.
H.P.

Die Krise als Chance

Eine Krise darf auch in geistiger und moralischer Hinsicht nicht umsonst gewesen sein. Die Chancen, die sie bietet, sollte man auf allen Gebieten nutzen. Also immer mal wieder zugreifen, immer mal wieder dabei sein, auch und gerade in der Krise immer mal wieder sein Glück versuchen und finden. Hier winkt der ganz große Lottogewinn, und zwar für jeden, der mitmacht, garantiert! Denn bei uns werden in der Krise keine Lose gezogen, sondern Lösungen geboten, deshalb gibt es auch keine Enttäuschung, wenn man eine Niete zieht – bei unserer Krise gibt es nur Nieten, aber jede ist ein Hauptgewinn.

Was machen Sie, wenn man Ihnen einen schweren Pfusch am Bau anlastet, weil das Klo auf den Balkon gebaut wurde, die zugehörige Tür jedoch fehlt, und die Abwässer der oberen Etage den Weg durch die Badewanne in Ihre Wohnung darunter suchen? Sie regeln, wer die Verantwortung trägt. Aber das sind alles Peanuts – wenn das ganze Haus zusammenklappt, egal wie viel Menschen darin schlafen, der Kirchturm umkippt und ganze Straßenzüge von Rissen durchzogen werden? Oder wenn Ihr Stadtarchiv plötzlich einkracht? Was machen Sie dann? Ja ja, da kann es durchaus Tote und Schäden in Millionenhöhe geben!

Wenn Sie dann das Gefühl haben, Sie hätten sich dabei irgendetwas zuschulden kommen lassen, Sie Niete, Sie, dann kommen Sie einfach in Köln vorbei und ziehen hier das große Los: das sogenannte Schrammagramm. Damit sind Sie immer fein raus. Namensgeber dieses Wundermittels ist der ehemalige Kölner Oberbürgermeister Fritz Schramma, der das Schrammagramm zwar nicht erfunden, aber es in Köln so perfekt genutzt hat, um als oberster Verantwortlicher der Stadt keinsterlei Verantwortung zu tragen (ohne dabei in irgendeiner Weise verantwortungslos zu sein), dass es seinen Namen durchaus verdient hat. In der Tat machte das Schrammagramm mittlerweile nicht nur in Köln, sondern überall bei Firmenzusammenbrüchen im Kleinen und bei der Finanzkrise im Großen Schule. Dabei wirkt es, das ist der Witz dabei, vor allem rückwirkend. Das Rezept klingt primitiv und ist auch ziemlich einfach, aber in höchstem Maße wirkungsvoll: Man war zwar informiert, hat aber trotzdem nichts gewusst. Man hat eine Wirkung erzeugt, für die sich aber kein Erzeuger finden lässt … Seit der Jungfrauengeburt hat es ein solches Phänomen kaum mehr gegeben!

Das Verfahren ist so einfach, simpel und platt, ja geradezu unverschämt, dass es gerade bei größten Schäden funktioniert. Flankierend kann man dieser Mischung noch einen oder mehrere unabhängige Gutachter beifügen, mit besonderer Betonung auf »unabhängig«, und einen Staatsanwalt, mit besonderer Betonung auf »schwebendes Verfahren« – solange die an der Arbeit sind, braucht man nichts, aber auch gar nichts verlauten zu lassen. Für die Außenwirkung besonders ratsam, weil wirklich schnuckelig, ist es, stets ein kleines Blatt Papier aus der Tasche ziehen zu können, auf dem das Diagramm der Verantwortungsverteilung aufgemalt ist, denn dadurch wird das Schrammagramm ja erst zum echten Schrammagramm:

Gucken Sie mal hier, das ist meine Verantwortung, und das ist die der anderen, und hier ist meine verschwunden.

Der Markt für das Schrammagramm wird gerade erst erschlossen. Sollte es seine Kölner Grundwasser-Taufe endgültig bestehen, wird guter Rat spottbillig. Doch schon jetzt stößt es bei Politikern, die für riskante Genehmigungen zuständig sind, von Atommüllendlagern zum Beispiel, und vor allem bei Bankrotteuren und Insolvenzverschleppern auf so großes Interesse, dass es sich zum Hit der Saison entwickeln könnte. Selbst in Oslo ist man aufmerksam geworden: Wenn sich das Nobel-Komitee wieder mal trifft, um die kommenden Kandidaten zu sichten, könnte es eine Neuerung geben. Man plant, heißt es hinter den Kulissen, in diesem Jahr die Preise für Wirtschaft, Frieden und Chemie zusammenzulegen – und das Schrammagramm ist dafür nicht nur der Anlass, sondern heute schon ein ganz heißer Kandidat. Also: Immer mal wieder zugreifen, immer mal wieder dabei sein, immer mal wieder sein Glück in der Entschuldung suchen.

Käfighaltung und Freilandversuch

Zurück zur Krise. Die Lehren, die man aus ihr gezogen hat, betreffen mittlerweile auch die so erfolgversprechende Wirtschaftspolitik. Man unterscheidet da bekanntlich zwischen Angebotswirtschaft und Nachfragewirtschaft, wobei Letztere in den letzten Jahren ja in einem Grade verpönt war, dass ihre Anhänger immer weniger und ihre Vertreter bis auf wenige Ausnahmen immer kleinlauter wurden. Die Angebotspolitik war dagegen unaufhaltsam auf dem Vormarsch – und die sattsam bekannte Agenda 2010 war nur eine Form ihrer Umsetzung.

Der geschichtlichen Richtigkeit halber muss man aber zugestehen, dass diese Agenda, bevor sie als Nebenwirkung der Angebotspolitik über die Deutschen kam, seriös getestet wurde. Also nicht an Ratten, Mäusen oder Meerschweinchen – nein, Milton Friedman und seine Chicago Boys testeten sie an lebenden Menschen, die freiwillig dafür zur Verfügung gestellt wurden, und zwar in geschlossener chilenischer Käfighaltung unter dem damaligen Diktator Augusto Pinochet. Nach diesem erfolgreichen Probelauf wurde das Programm von Maggie Thatcher, der Eisernen Lady, in Großbritannien mit der Kastrierung der Gewerkschaften verfeinert, um dann ein besonderes Risiko einzugehen: Nun sollte erprobt werden, ob diese Radikal-Rezeptur bei uns Deutschen aus eigenem Willen, also in offener Freilandhaltung, funktionieren könnte.

Trickle Down

Müssen Sie nicht auch oft, ja allzu oft hören und lesen, die Reichen würden immer reicher und die Armen immer ärmer? Der Vorwurf der Umverteilung von unten nach oben also. Das Problem ist nur, dass sich diejenigen, die mit diesem kritischen Aufschrei zur Besinnung gebracht und zur Umkehr bewogen werden sollen, durch dieses Argument überhaupt nicht angegriffen fühlen. Im Gegenteil, sie fühlen sich sogar bestätigt, auf dem richtigen Wege zu sein, den es nicht zu verlassen, sondern beschleunigt und verschärft weiter zu beschreiten gelte.

Schließlich, sagt man sich, gab es die Besserverdienenden denn nicht schon immer? Und die, die es nicht besser verdient haben? Und steht nicht geschrieben: Gebt dem Reichen, was er braucht, aber der Arme soll natürlich auch was davon haben? Denn des Reichen Tisch, so der Herr und Heiland, muss so vollgepackt werden, dass genügend Krümel runterfallen, um die Armen, die darunter sitzen, satt zu machen, bevor der Reiche den Tisch vollkotzt.

Womit gemeint ist, dass die Armen zwar immer ärmer werden, wenn die Reichen immer reicher werden, die Armen aber irgendwann auch mehr vom Reichtum abbekommen. Denn nur wer im Über-Überfluss lebt, kann auch Bettlern frohen Herzens mal was spenden.

Entsprechend kennt man in der Wirtschaftstheorie, mit der die Manager und nachwachsenden Studenten geimpft werden, das Trickle-Down-Prinzip, das allen Ernstes vorgetragen und und den Lernwilligen eingetrichtert wird. Nur etwas systematischer, als es uns die Heilige Schrift empfiehlt. Nach dieser Lehre gibt es zwei Möglichkeiten, den Armen und Bedürftigen zu helfen: die der Nächstenliebe und die des Prinzips.

Ein einfaches Beispiel. Stellen Sie sich Folgendes vor: Unter der Etage, die Sie bewohnen, haust der arbeitslose Ingenieur, dem man wegen Zahlungsrückständen Strom und Wasser abstellen musste. Wie gehen Sie vor, um diesen Mitmenschen vor dem Verdursten zu bewahren? Da gibt's zwei Möglichkeiten. Erstens: Sie helfen ihm aus Mitleid und Nächstenliebe und stellen ihm freiwillig jeden Morgen einen Eimer frischen Wassers vor die Tür. Er dankt Ihnen, aber die Hilfe bricht zusammen, als Sie in den Urlaub fahren und vergessen, Ersatz zu organisieren. Relativ bald wird der Kerl unter ihnen sauer – und so zeigt sich, dass eine Hilfe, die auf persönlichen Gefühlen basiert, nicht systematisch genug ist. Zweite Möglichkeit: Sie helfen ihm nicht direkt, sondern dadurch, dass Sie Ihren Überfluss zur Wirkung bringen und Ihre Badewanne überlaufen lassen. Irgendwann steht Ihre Wohnung dann dermaßen unter Wasser, dass sie genug davon hat. Sie ist »filled up« und gibt freiwillig etwas von ihrem Überfluss an Wasser weiter und lässt es durch Teppich, Parkett und Decke nach unten sickern. Und das tropft dem armen Schlucker nun auf den Kopf, so dass er wieder trinken, baden und Tee kochen kann.

Bei einer Wohnung wäre das absoluter Schwachsinn, und das Haus bald abbruchreif. In der Wirtschaftspolitik ist es anerkanntermaßen hohe wirtschaftswissenschaftliche Theorie, eben der sogenannte Trickle-Down-Effekt.

Auch die Sozialdemokraten und Gewerkschaften haben diesen Trick schon lange im Programm, denn heißt es nicht auch bei ihnen: Nur wenn es dem Arbeitgeber gutgeht, kann es auch dem Arbeitnehmer gutgehen, selbst wenn es dem Arbeitnehmer, bis es dem Arbeitgeber endlich mal so gutgeht, dass er es auch zugibt, ganz lange saudreckig geht.

Armut verboten

In Köln hat man eine Vorreiterrolle bei der Bekämpfung des Elends übernommen. Man hat, um die Touristen zu schonen, einem Bettler auf der Domplatte Lokalverbot erteilt, als Abschreckung für alle anderen.

Lokalverbot auf der Domplatte?! Ja! In Köln geht so was. Obwohl die Domplatte gar keine Kneipe ist? Genau darum geht es doch! Indem dieser Bettler sein Bier, also sein Kölsch, im Freien getrunken hat, hat er den Platz vor der Kölner Stammkirche zum Stammtisch seiner Stammkneipe umfunktioniert. Und das ohne Konzession!

Dieses Lokalverbot hat der Bettler leider nicht sofort und hinreichend begriffen. Was ihm schlecht bekommen ist, weil er die Polizei dadurch nötigte, zwingende Maßnahmen zu ergreifen. Die Polizei hat ihm also, um ihn von der Platte zu putzen, die Fresse poliert und eins auf die Zwölf geknallt, und ihn dann mit viel Ach und Krach und Rippenbrüchen, Hämatomen und was der Kollateralschäden in solchen Fällen mehr sind, in die Grüne Minna und zum Revier bugsiert.

Das Besondere an diesem Bettler war die Tatsache, dass er nicht nur ein einfacher obdachloser Penner war, sondern zudem halbblind, gehbehindert und Rollstuhlfahrer, also ziemlich viel auf einmal. Man hat ihm einfach alles ausgerenkt, was das Gestänge seines Rollstuhls überragte. Davon hat er jetzt eine Anzeige wegen passiver Körperverletzung von Beamten und übler Nachrede gegen Beamte, da der brutale Umgang mit ihm in der Regionalschau gezeigt wurde, was die Polizei weiter in Verruf brachte.

Denn alles, was recht ist, aber wer nicht arbeitet, soll auch kein Bier trinken, erstens. Und zweitens, wenn man so doppelt und dreifach arm dran ist – bei einem Politiker würde man das als Ämterhäufung kritisieren –, muss man sich nicht wundern, wenn man Neid und Empörung bei denjenigen hervorruft, denen es nicht so schlechtgeht, schließlich hat man einen unverdienten Mitleidsbonus, an den der einfache und ehrliche Hartz-IV-Empfänger nicht rankommt. Und wenn man – drittens – das Geld, das man einsammelt, nicht mal versteuert, dann ist das Schattenwirtschaft durch Schwarzbetteln, und gehört erst recht und vor allem anderen gebrandmarkt!

In Rheinland-Pfalz geht man konsequenter vor: Man packt die Penner ein und lässt sie in der Wüste wieder raus, also mindestens zehn Kilometer vor der Stadt. Vorbild scheint die Behandlung von Eisbären in nordkanadischen Kommunen zu sein. Wenn sich die weißen Fellknäuel zu nah an städtische Mülltonnen wagen, werden sie, weil auch sie unter Naturschutz stehen, betäubt, verpackt und mit Hilfe von Hubschraubern weit weg wieder ausgesetzt. Dieses Verfahren hat man in besagtem Bundesland zum Programm der systematischen Landstreicherlandverschickung weiterentwickelt.

Arbeitslose Untäter

Wichtig, ja geradezu ausschlaggebend für das gelenkte Weltverständnis ist die korrekte Begrifflichkeit. Früher war der Arbeitslose noch ein armes Schwein, das unverschuldet ins Elend geraten war. Er wurde bemitleidet, man wollte ihm helfen. Doch mit der Hilfsbereitschaft ist schon lange Schluss. Denn wer ist denn schuld, wenn es für ihn keine Arbeit mehr gibt? Er natürlich! Der Arbeitslose! Wer denn sonst! Sonst hätte er ja Arbeit. Und im Gegensatz zu den Armen der Dritten Welt sieht er nicht einmal gut aus, macht keinen ansprechenden Eindruck, strahlt schlechte Laune aus. Die in Afrika oder Asien hingegen sind echte Originale, also possierlich und authentisch. Die meckern auch nicht, sondern lachen einen an, selbst wenn sie Aids haben und kleine Hungerbäuche.

Aber Arbeitslose bei uns? Was soll man über die schon sagen? Ein Mensch, der nichts tut – was soll das sein? Nichtstun ist nicht einfach Muße, sondern Un-Tat. Es handelt sich also schlicht und ergreifend um Untäter.

Leute, die nichts tun? Untäter! Nichts anderes!

Woran erkennt man einen Untäter? Ganz einfach: Wie man den Täter daran erkennt, dass er tätig ist, erkennt man den Untäter daran, dass er untätig ist. Damit ist nicht einfaches Rumstehen und den Tag Verpennen gemeint, sondern die Tat, nichts zu tun, während andere was tun, auch wenn sie oft nur so tun, als ob sie was tun. Darin besteht die Untat, also das Nichtstun, das die Gesellschaft nicht einreißen lassen darf, da sonst das Tun, auch wenn es nichts mehr einbringt, nichts mehr wert wäre. Deshalb werden Untaten verfolgt und nach Recht und Gesetz bestraft. Man muss einem Untäter nur nachweisen, dass er eigentlich was tun könnte. Solches Volk nennt man auch »Scheinarbeitslose«, »Scheinkranke« und »Scheinbedürftige« – alles zum Schein und natürlich auf Schein.

Was im Weltkrieg der Deserteur, ist in der Weltwirtschaft, der Globalisierung der Sozialbetrüger. Die, die sich dem Dienst an der Waffe entziehen, nennt man Simulanten, und wer sich der Pflicht an der Arbeitsfront verweigert, ist ein – dieser Ausdruck wurde erst kürzlich geprägt – Sozilant, also jemand, der so tut, als gäbe es für ihn nichts zu tun.

Mit dem Kontrollieren von Untätern und dem Ausmustern von Sozilanten haben endlich auch die Arbeitsvermittler wieder richtig Arbeit. Denn wenn sie schon keine Arbeit zu vermitteln haben, können sie wenigstens daran mitarbeiten, dass es immer weniger Menschen gibt, die einen Anspruch auf Vermittlung von Arbeit haben.

Beim Betteln kassieren

In Göttingen ist man besonders schöpferisch. Dort hat man einem Hartz-IV-Empfänger das staatliche Geld gekürzt, weil er Nebeneinnahmen aus Betteltätigkeit hatte. Grausam? Unmenschlich? Da wurde vom Sozialamt aber entschieden widersprochen! Man fühlte sich bundesweit missverstanden und in allen Zeitungen zu Unrecht in den Schmutz gezogen. Wenn ein Hartz-IV-Empfänger, rechtfertigte man sich, zusätzliche Einkommen hat, dann sind diese anzurechnen, weil sie eben zusätzlich sind. Und ein Sozialamt sei gehalten, sehr darauf zu achten, dass kein Missbrauch entstehe. Und Missbrauch wittere das Sozialamt sofort, das können Sie glauben, aber genauso können Sie glauben, dass das Amt immer korrekt und amtlich vorgeht, da kann man ihm nichts vorwerfen.

Wieso der betreffenden Person ein Betrag von 120 Euro abgezogen wurde? Weil korrekt, nämlich amtlich, errechnet worden war, dass dieser Unterstützungsempfänger durch seine Betteltätigkeit monatlich ungefähr genau auf diese Summe kommt, Bettelfeiertage und Bettelkrankfeiern und Schlechtwetterabzüge eingeschlossen. So ein Amt hat da seine Erfahrungswerte, etwa aus Erhebungen des Schnüffeldiensts zur Aufdeckung von Bedarfsgemeinschaften. Und den Betteler-trag des besagten Hartz-IV-Empfängers konnte man umso genauer errechnen, als der amtliche Ermittler ihm ja selbst eine Teilsumme davon gespendet hatte, wodurch er Einblick in seinen Hut gewann und mit seiner Hochrechnung überschlägig auf der sicheren Seite war. Gerade weil das Amt Betteln für eine sehr sinnvolle Tätigkeit hält, weil es eben dem Staat Ausgaben erspart, muss doch dieses Geld wieder reingeholt werden, sonst bliebe es dem Staat ja nicht erspart. Das Sozialamt Göttingen sei da insgesamt sehr erfolgreich; so habe es schon vor langer Zeit ein entsprechendes Prämiensystem eingeführt, vergleichbar dem Bonus der Banker, und zugleich das Festgehalt abgesenkt, so dass die Beamten und Ermittler geradezu darauf angewiesen seien, derartige Fälle aufzudecken.

Der Bürger sollte sich unterdessen durch diese Praxis einer Wegnahme von Einnahmen keineswegs davon abhalten lassen, dem bettelnden Sozialhilfeempfänger auch mal etwas mehr zu geben, denn dadurch würden dessen Zusatzeinnahmen steigen, das Amt müsste ihm also noch mehr abziehen, wodurch der Staatseinnahmen stiegen und die sozialen Leistungen, die dem Sozialhilfeempfänger zugutekommen sollten, umso sicherer wären.

Und die Staatseinnahmen müssen steigen! Wie? Steuern senken! Verdammt nochmal, ist das denn so schwer zu kapieren? Die Steuern müssen gesenkt werden! Allein das hilft. Wenn der Staat mehr Geld braucht, muss er die Steuern senken, was denn sonst? Und wenn das keiner begreifen will, muss man es so lange wiederholen, bis es begriffen wird. Also: Steuern senken!

Und so rattern sie wieder, die freidemokratischen Gebetsmühlen. Westerwellescher Wahnwitz mit Methode. Steuern senken ist doch logisch, und wer es nicht begriffen hat, ist einfach zu blöd dazu, sonst hätte er es ja begriffen. Logisch, oder?! Steuersenkungen sind das Allheilmittel, um wieder Ruhe in den fiebrigen deutschen Volkskörper zu bringen. Eine Rosskur mit durchschlagender Wirkung, ähnlich Schröpfen und Aderlass. Das Rezept ist simpel: Wir brauchen Geld für die Armen – aber woher nehmen und nicht stehlen? Durch Entlastungen natürlich! Genauer gesagt: Durch Entlastung der Leistungsträger. Also weniger Steuern von denen kassieren, die am meisten Steuern zahlen.

Bleiben wir beim Unterschied zwischen den Besserverdienenden und denen, die es nicht besser verdient haben. Erstere sind die Leistungsträger, die auch was für andere leisten und ohne deren Leistung die, die wenig oder nichts leisten, aufgeschmissen wären. Eine klare Aufteilung also in Leistungsträger und Hosenträger, wobei Letztere noch nicht mal mehr den Gürtel enger schnallen können, weil sie gar keinen mehr haben. Aber es kommt ja immer noch dicker.

Dass die Armen immer ärmer werden, wusste man ja schon. Aber dass jetzt auch wissenschaftlich bestätigt wurde, dass sie nicht nur immer ärmer, sondern auch immer zahlreicher werden, muss beunruhigen, weil die Reichen, also die Leistungsträger, zwar immer reicher, aber zugleich auch immer weniger werden, wenn die Armen immer mehr werden. Das senkt die Steuerleistung der Reichen natürlich dramatisch, so dass man sich fragen muss, ob man sich die, die nichts leisten, noch lange leisten kann. Folglich müssen die Leistungsträger durch Steuersenkungen geschont werden, damit sie nicht selbst immer ärmer werden und die Steuerleistung nicht mehr leisten können, die Vater Staat braucht, um sich die Armen überhaupt noch leisten zu können. Zusammenfassend kann man daher sagen: Je mehr Steuern wir brauchen, desto weniger dürfen wir von denjenigen verlangen, die es sich leisten könnten, überhaupt noch Steuern zu zahlen, denn sonst können sie sich uns bald nicht mehr leisten, und das wäre für die, die nichts leisten können, erst recht eine Katastrophe.

Jargon

Entscheidend für das angemessene Verständnis der Zusammenhänge ist der richtige Wortschatz. Sie müssen immer genau unterscheiden zwischen »roundabout« und »spitz gerechnet«. Und zwischen »Ich sag mal« sowie »Ich will mal so mal sagen, also ich sach mal«. Ganz anders verhält es sich natürlich, wenn man eine Sache »andenkt«, die man eventuell sogar schon mal »angedacht hat«. Dabei aber immer auf das Tempo achten und gefälligst einen »Zacken zulegen«, also gehörig »in die Gänge kommen«! Wichtig sind dabei die Mittel, sprich die Werkzeuge, also die »Tools« und, zur Erfolgskontrolle, vor allem das »Benchmarking«. Die Gegner werden mit Vorwürfen wie »Vollkasko-Mentalität«, »Besitzstandswahrung« und »Sozialromantik« angegangen, während man unerbittlich den »schlanken Staat« fordert, der unbedingt abspecken müsse, damit mehr Raum entstehe für die notwendige »Eigeninitiative« vor allem des Mittelstands, aber auch der vielen anderen, die »immer nur nach dem Staat rufen«.

Eines des wichtigsten Wörter aber ist und bleibt der »Sachzwang«, zu dem es keine Alternative gebe. »Keine Alternative« haut immer rein, schließlich ist es eine Erfindung von Margaret Thatcher, die das TINA-Syndrom entwickelte: There Is No Alternative! Die entscheidende Rolle spielt dabei der Markt. Als über allem waltender, alternativloser Sachzwang verkörpert er das Schicksal in heutiger Ausprägung. Man will ja niemanden entlassen, aber der Zwang zur Rendite lässt einem keine Wahl. Man will ja keine Arbeitsplätze ins Ausland verlagern, aber die Konkurrenz auf dem Markt erzwingt es. Man will ja hierzulande keine Firmen schließen, aber wegen des Aktienkurses kann man nicht anders. Der Markt lässt keine andere Entscheidung zu. Alles TINA, alles Sachzwang. Und in höchstem Maße peinlich.

Ganz wichtig ist dabei die integrierte »Ohne-dass-Regel«, die nach dem Grundmuster verfährt: Wie können wir den Wolf sattmachen, ohne dass die Geiß geschlachtet werden muss? Jeder hat ein Grundrecht auf Arbeit, ohne dass es verwirklicht werden muss. Diese Regel gilt auch für einwandernde Ausländer, nach dem Motto: Jeder Ausländer hat seine Grundrechte, ohne dass er sie einfordern kann. Ja, wir wollen das Grundrecht auf Asyl verwirklichen, aber ohne dass es in Anspruch genommen werden kann!

Man nennt das auch »Technik des ausbalancierten Widerspruchs«. Oder einfacher gesagt: »intelligente Idiotie«.

Wer arm ist – und das sind heute bekanntlich immer mehr Menschen – hat es real schon schwer genug. Den muss man nicht noch seelisch belasten und beschimpfen, indem man ihn auch so nennt: »arm«. Das geht dann wirklich an die Schmerzgrenze! So was gehört sich nicht! Das entspricht nicht der Leitkultur! Jedenfalls nicht der deutschen. Man sagt bei uns ja auch zu Kleinwüchsigen nicht: »Du Zwerg!« Das diskriminiert! Stattdessen sagt man: »vertikal herausgefordert«. Das ermuntert und zeigt die Möglichkeiten auf. Genauso sollte man unbedingt den Ausdruck »arm« meiden! Und stattdessen? Stattdessen sollte man sagen: Das sind Menschen, die »sozial herausgefordert« sind. Dann kommt doch wieder Stimmung auf!

Das Rennen auf dem gesamtgeistigen Oggersheim-Ring geht unvermindert weiter und läuft auf vollen Touren. Aus dem Motorsport kennen wir die Formeln 1 und 3, Touringklasse und Seifenkisten. Genauso gibt es auch bei den Reform-Deutschen, den Trimm-Dichs, Drombuschs und Thrombosen Leistungsklassen, die allerdings nicht nach Kubikzentimeter und Höchstgeschwindigkeit, sondern nach Leistung und Leidensfähigkeit unterschieden werden. Der durchschnittliche Reform-Deutsche ist nicht in der Formel 1 am Start, sondern in der Formel A: Auszubildende, Arbeitslose, Asylbewerber, Abschiebekandidaten und ausgelaufene ABM-Maßnahmen.

Das ist die kleinste Klasse, der sogenannte VW-Typ, der Volkswähler Marke Eigenbau, der schon lange nicht mehr krankenversichert ist, sich das Gebiss selber gipst, seinen Blinddarm mit dem Schweizer Messer repariert und an der Volkshochschule den Kurs belegt: »Wie flicke ich mich selber?« Also ein praktisches Swatch- und Sparmodell als Bausatz für jeden, der bei IKEA den Grundkurs im Zusammenschrauben von Pressspanregalen bestanden hat. Mit minimalem finanziellen Hubraum tuckert er auf zwei leeren Haushaltstöpfen vor sich hin und kommt mit seinem Zweitaktergemisch aus Sozialhilfe und Fürsorge auch durch den tiefsten Wirtschaftswinter. Er läuft und läuft und läuft und soll sich zum Dauerrenner der Agenda 2010 entwickeln. Und wenn ihm die Puste ausgeht, wenn's qualmt, wenn er auf dem Zahnfleisch kriecht – ein kleiner Boxenstopp, und er rutscht beschwerdefrei auf den Felgen weiter. Was er von der Reformpolitik erwartet? Nix? Sehr gut! Er erwartet nichts, wo es nichts zu erwarten gibt, und konnte daher die Entbehrungen und Erniedrigungen ohne geistig-moralischen Kolbenfresser durchstehen. Schließlich arbeitet er mit einem geschlossenen Kühlkreislauf aus heißer Luft und hohler Hoffnung, so dass er auch mit platten Phrasen und Politparolen weiterpöttern kann.

Auch für eine artgerechte Unterbringung ist gesorgt: Man kann ihn im Tierasyl als Haus- und Hinterhofhund anmelden. Einen Selbsterfahrungskurs als Wadenbeißer hat er schon durchgestanden, und nächste Woche macht er die Schäferhundprüfung. Außerdem verfügt er über eine TÜV-geprüfte Wutbremse und ist serienmäßig mit ABS ausgestattet, dem brandneuen Amok-Blockier-System – hier im Bauch, wo sonst die Wut wohnt, sehen Sie? –, das selbst den bittersten Entbehrungen gewachsen ist. Dadurch kocht er auch nicht über, wenn er im Gefühls-Stau stecken bleibt, er ist sozialverträglich und beißt keine Reichen, sondern nur Rumänen und Roma. Pflegeleicht passt er sich ganz großartig in das Streichkonzert der Sozialphilharmoniker ein und will gar nicht die erste unter den vielen Arschgeigen spielen, weil er selbst aus dem letzten Loch pfeift – aber das mit allergröbstem Können.

Und was ist das Ergebnis?

Viele sind schon vom Glauben abgefallen und denken, der Himmel hinge nur noch voller Arschgeigen und Sozialhilfeformulare. Der kleine Mann auf der Straße und die kleine Frau hinter der Theke sitzen im Pisspott und träumen vom Jackpot. Aggression und Depression im Biotop aus Waschbeton.

Vom Arbeitsamt total beschissen lässt man sich von der Wohlfahrt küssen. Sie saufen Bier und reden Stuss so schwarzbraun wie die Haselnuss, und der Dümmste an der Theke bestimmt die Melodie. Im Büro an Titten tatschen, am Feierabend Spastis klatschen, im Bahnhofsklo die Schwulen ticken und in der Stammtischliga kicken – von Kopf bis Fuß auf Schwachsinn eingestellt. Die hocken vor den Glotzen und glotzen bis sie kotzen, schmatzend wühlen sie im Trog vom neuesten Otto-Katalog. Vom allerletzten Weihnachtsgeld wird bei Neckermann die Welt bestellt, und von Jacobs das Aroma weckt dann die Oma aus dem Koma?

Soziale Marktwirtschaft

Ja so soll das Ergebnis der sogenannten »Neuen Sozialen Marktwirtschaft« aussehen, die seit einiger Zeit in so vieler Munde ist, dass es einem schon zu den Ohren rauskommt. Auch Frau Merkel betet sie daher, die »Neue Soziale Marktwirtschaft«, ebenso Hans-Olaf Henkel und Professor Sinn und und und. Diesen Slogan haben sie nicht selbst gefunden, sondern erfinden lassen – im Auftrag des Areitgeberverbands Gesamtmetall mit geistigem Wohlwollen der Bertelsmann Stiftung.

Neue Soziale Marktwirtschaft – das wirkt tückisch. Es will sagen, dass es mal eine Soziale Marktwirtschaft gab, die aber nicht mehr sozial genug, also mittlerweile asozial ist, während das bisher Asoziale das neue Soziale ist, da es das alte Soziale vertrieben hat, das jetzt eben das neue Asoziale ist. Haben Sie das verstanden? Nein? Dann ist schon einiges erreicht. Früher hätte man gesagt: Gehirnwäsche! Aber damit hat mein Nachbar Schmitze-Backes kein Problem: »Isch war vorgestern wieder mal bei der Gehirnwäsche. Mach isch so alle zwei Monate. Mal bitte Waschen und Legen. Lass ich mir gleich alle dunkle Gedanken kupieren und spinnerte Ideen rausschneiden und meine innere Einstellung streamlinen und meine positiven Ansichten lecker updaten. Isch hab mir auch das neue Verhaltensmuster ALG II aufspielen lassen und bin jetzt wieder voll auf der Höhe der Zeit. Lecker – oder?«

Man nennt das auch »Begriffe besetzen«. Man kann ja alles Mögliche besetzen, ein Haus zum Beispiel, was aber nicht ewig dauert, denn irgendwann kommt die Polizei und räumt es, und dann kommen die Bagger und machen es platt. Man kann auch eine Toilette besetzen, was aber auch nicht andauernd dauert, denn irgendwann ist der Durchfall vorbei. Wenn man aber Begriffe besetzt, kann der Beschiss von ewiger Dauer sein.

Und dann diese Kampagne »Du bist Deutschland«! Übrigens ebenfalls eine Auftragsarbeit von Gesamtmetal, bei der die intelligentesten Köpfe Deutschlands mitgewirkt haben, von Marcel Reich-Ranicki über Günter Jauch und Harald Schmidt bis zu Oliver Kahn, aber auch Sandra Maischberger und Anne Will. Da wurden dann so sinnhafte Parolen geprägt wie »Gib Gas auf der Autobahn Deutschland«… wobei man wissen muss, dass es diesen Slogan »Denn du bist Deutschland« schon mal gab – nämlich 1935, mit dem Hitler-Kopf darüber, was man nun aber bitte keinesfalls aus dem seinerzeitigen Zusammenhang reißen sollte.

»Positiv denken!«, so lautet jedenfalls die Devise dieser Neuen Sozialen Marktwirtschaft, und dieses positive Denken setzt sich auch bei den Arbeitslosen immer mehr durch. Denn viele, die keine Arbeit haben, sind gar nicht mehr arbeitslos, da sie zu stolz sind, sich auf dem Arbeitsamt zu melden. Das ist dann die sogenannte »stille Reserve«, immerhin über 600 000 Menschen – und es werden immer mehr, also immer mehr Menschen ohne Job, die die Arbeitslosenzahlen weiter sinken lassen.

Schlussendlich: Die Leistungsträger verdienen mehr, die Leidtragenden leisten mehr, was also wollen wir mehr?

Bedrohung

Aber es gibt auch Dinge, von denen wir
nicht wissen, dass wir sie nicht wissen.
DONALD RUMSFELD

Bedrohung global

Bedroht sind nicht nur die Finanzen, bedroht ist auch der Friede, und zwar überall. Nicht nur im Nahen und im Fernen Osten, sondern auch bei uns vor der Haustür gibt es jede Menge Bedrohungen. Was soll man da machen, was soll man tun, wie soll man sich bloß bedrohungsgerecht verhalten? Immer die Ruhe bewahren, sagt Innenminister Schäuble. Überall kann heute die Bedrohung rumstehen, in jedem kleinen Koffer – eine schmutzige Atombombe … Ha! Aber, hat der Minister gesagt, davon lasse ich mir das Wochenende nicht vermiesen. Obwohl – so eine Kofferbombe kann jeden Moment, also auch unter Ihrem Stuhl da, hochgehen … Ha! Aber, sagt der Minister, was soll's, die paar Tage noch. Immer auf der Hut sein, rät er, aber gelassen, wie John Wayne, und das entschlossen …

Entschieden und entschlossen – das hat auch der Bundesverteidigungsminister verlangt. Stellen Sie sich vor, hat er als Szenario ausgemalt, ein Jumbo-Jet mit unschuldigen Menschen … Apropos »unschuldige Menschen« – wer sind die eigentlich? Unschuldige Menschen? Kennen Sie welche? Also, stellen Sie sich vor, hat der Bundesverteidigungsminister ausgeführt, ein Jumbo mit lauter unschuldigen Menschen wird von Terroristen gekapert und auf ein volles Stadion zugesteuert, auch diese voll unschuldiger Menschen – wie würden Sie reagieren!? Um Gottes Willen! Merken Sie? Da wird die

Bedrohung aber ganz konkret. Da muss man sich entscheiden: Wer oder was bin ich hier überhaupt? Wenn ich die Köln-Arena wäre, würde ich sagen, fliegt doch erst mal nach Düsseldorf … Nein, im Ernst, der Minister hat das wirklich verantwortlich gemeint und gesagt, er würde sich dann schon entscheiden und den Befehl zum Abschuss erteilen. Und wenn dann dadurch unschuldige Menschen aus dem Leben schieden, würde er selbst ebenfalls ernste Konsequenzen ziehen und aus dem Amt scheiden. Da haben wir bereits einen Unterschied: Den unschuldigen Menschen wird das Leben genommen, der Minister nimmt den Hut. Das ist für ihn auch nicht einfach, zumal er dann kein unschuldiger Mensch mehr ist, und das ist für ihn erst recht nicht schön.

Zurück zur Bedrohung. Nicht überall, wo Bedrohung draufsteht, ist auch tatsächlich Bedrohung drin. Wir unterscheiden auch da zwischen der echten und der gefühlten Bedrohung.

Gegen die echte Bedrohung können Sie was machen: Sie schließen eine Hausrat- und Diebstahlversicherung ab, gehen zur Polizei und dann vor Gericht. Bis nach Karlsruhe, wenn es sein muss. Wobei Nachbar Schmitze-Backes neulich sagte, bei einer echten Bedrohung dauere der Weg nach Karlsruhe zu lang, sei zu teuer und im Ergebnis zu ungewiss – aber er kenne einen Albaner um die Ecke, der schießt für zwanzig Euro ins Knie!

Zurück zur gefühlten Bedrohung – erinnern Sie sich noch, aus welchem Grund der Krieg gegen den Irak und Saddam begonnen wurde? Wegen der gefühlten Bedrohung durch die angeblichen Massenvernichtungswaffen. Die gab es zwar nie, aber deswegen mussten sie umso stärker gefühlt werden, fast auch schon gefühlsecht. Wie machtlos man gegen eine gefühlte Bedrohung ist, gab George Walker Bush am Ende seiner Amtszeit öffentlich zu, als er sagte: Alle Gründe für diesen

Krieg waren falsch, aber trotzdem war es richtig, diesen Krieg zu führen. Also je falscher, desto gefühlter und folglich um so notwendiger.

Sein vormaliger Verteidigungsminister Rumsfeld (kommt von englisch »battlefield«, zu Deutsch »Schlachtplatte«) brachte es bei seinem Abschiedsbesuch im NATO-Hauptquartier in Brüssel eleganter und intellektueller zur Sprache: Es gibt Dinge, sagte er, von denen wir wissen, dass es sie nicht gibt, und wenn es für diese Dinge, die es nicht gibt, keine Beweise gibt, ist das nur ein weiterer Beweis dafür, dass es diese Dinge nicht gibt, was wir ja sowieso schon wissen. Aber es gibt auch Dinge, von denen wir nicht wissen, dass es sie nicht gibt, und wenn es für diese Dinge, von denen wir nicht wissen, dass es sie nicht gibt, keine Beweise gibt, ist das noch lange kein Beweis dafür, dass es diese Dinge nicht gibt, was wir ja sowieso nicht wissen.

Gefühlte Bedrohungen können also weitaus gefährlicher sein als echte, man muss sie nur richtig fühlbar machen. Die gefühlte Bedrohung entfesselt chemische Kräfte, macht aus einem Angriff immer eine Verteidigung. Es wird selten geschossen, sondern meistens zurückgeschossen, auch oft dann, wenn noch gar nicht geschossen wurde.

Wieder Töten lernen

»Die Deutschen müssen das Töten lernen« stand vor einiger Zeit als Schlagzeile auf der Titelseite des *Spiegel* – angeblich das Zitat eines amerikanischen Politikers. Wie wenig Ahnung von Geschichte man da drüben doch oft hat. Töten lernen – als ob wir Deutschen das in der letzten Zeit nicht zur Genüge und mit Perfektion geschafft hätten. Dabei war die Bundeswehr auf einem so guten, weil friedlichen Weg, und hatte sich fast vom Schwert zur Pflugschar gewandelt. Und sie ist ja noch an sehr vielen Orten im aktiven, aber eben kampffreien Einsatz. Das sollte man sich bei solchen Anforderungen vor Augen halten.

Noch immer ist eine deutsche Truppe in Bosnien stationiert – mit dem Auftrag, dafür zu sorgen, dass der Marktplatz von Sarajewo regelmäßig pünktlich um zwölf Uhr besenrein zurückgegeben wird. Die anderen sind immer noch im Kosovo und haben die friedliche Mission, dem UÇK-Albaner beizubringen, wie man sich im Straßenverkehr an Regeln hält, denn Regeln im Straßenverkehr, heißt es, seien die Aufbaustufe der Demokratie: rechts vor links – im Straßenverkehr.

Wieder eine andere Truppe kam gerade aus dem Kongo zurück, weil man gehört hatte, dort gäbe es bald Wahlen. Und Wahlen im Kongo, vermutete man, das geht bestimmt nicht ohne Wahlbetrug ab. Also hat man tausend Soldaten runtergeschickt, nach dem Motto: Wenn schon Wahlbetrug, dann nur unter deutscher Kontrolle. Das hat geklappt, auch wenn von den tausend deutschen Soldaten über achthundert damit beschäftigt waren, für die Sicherheit des Rests zu sorgen. Aber die Botschaft kam trotzdem gut rüber: Sicherheit ist möglich, man muss nur wollen.

Wieder andere befinden sich in Kundus im schon erwähnten Afghanistan und haben dort den friedlichen Auftrag, dem Taliban zu vermitteln: Wenn die Ampel Rot zeigt, bleibst auch du stehen, mein Freund, und schießt nicht mit deiner Kalaschnikow solange auf die Birne, bis sie grün wird, nur weil das die Farbe des Propheten ist.

Noch ein anderer Truppenteil liegt auf der Kriegsfregatte Mecklenburg-Vorpommern vor der Küste des Libanon auf Lauer. Wobei viele meist unbedarfte Seelen sich über den Namen Mecklenburg-Vorpommern mokieren, weil er so unkriegerisch klinge. Ein völlig falscher Ansatz, merkt man doch diesem Kriegsschiff schon am Namen an, dass es gar keine Lust hat, Granaten zu verschießen, sondern viel lieber Kartoffelpuffer, Reiberdatschi oder Riefkooche. Jedenfalls haben auch diese Truppenteile einen klaren friedlichen Auftrag. Sie müssen auf das flimmernde Mittelmeer blicken, um zu kontrollieren: Schwimmt da ein Terrorist vorbei? Oder ist es nur der Weiße Hai? Notgedrungen langweilen sich die Soldaten dabei zu Tode, schütten sich das immer wärmer werdende Pils gar nicht erst in den Hals, sondern direkt über den Kopf, damit sie nicht vor Hitze wegschwitzen, und singen, obwohl sie vor der libanesischen Küste liegen, aus lauter Frust »Wir lagen vor Madagaskar«.

Kriegsrhetorik

Fragt sich, warum Kriege überhaupt geführt werden. Ralph Peters, ein renommierter amerikanischer Militäranalytiker, formulierte es so: Manche Dinge ändern sich nicht friedlich. Und die beste Art, dem Feind Angst und Schrecken einzujagen, ist immer noch, ihn zu töten.

Während Frau Merkel, als sie noch nicht Kanzlerin war, nach Beginn des Irakkrieges ihre Logik des konkreten Kriegseinsatzes so auf den Punkt brachte: Wenn Schröder beim Irakkrieg mit George W. Bush mitgemacht hätte, wäre es zum Irakkrieg gar nicht erst gekommen, denn der Irakkrieg war unvermeidlich.

Klingt leicht verwirrt, macht aber dann doch Sinn, wenn man den Worten eines Fachmannes folgt, den Worten des ehemaligen Bundeswehrgenerals und nachmaligen brandenburgischen Innenministers Jörg Schönbohm, der diese Logik sprachlich so vermittelte: Der Irakkrieg war, nachdem er begonnen hatte, unvermeidlich geworden.

Während der damals verantwortliche Präsident Bush bei seiner Abschiedrede im Kapitol dem amerikanischen Volk erklärte, sein schlimmster Fehler sei gewesen, den Informationen der CIA geglaubt zu haben, wonach der Irak Massenvernichtungswaffen besessen habe. Wobei man wissen muss, dass Bush seinem Geheimdienst extra aufgetragen hatte, diese Information zu liefern, also vorgab, auf etwas reingefallen zu sein, von dem er wusste, dass es gar nicht stimmen musste. Konsequenterweise betonte Bush anschließend, er wolle nicht darüber spekulieren, ob er den Irakkrieg nicht begonnen hätte, wenn er es besser gewusst hätte. Was ja auch Quatsch wäre, weil er es ja besser wusste und den Krieg auf jeden Fall wollte.

Chirurgische Schläge

Was hat die moderne Kriegsrhetorik noch zu bieten? Unter anderem vor allem die Vorstellung von »sauberen Kriegen« durch sogenannte »chirurgische Schläge«, die nur leider noch nie entscheidend geholfen haben. Damals beim Kosovokrieg beispielsweise, als die Deutschen mit dabei waren, wunderten sich die Belgraderinnen und Belgrader, als im Zuge der Bombardierung plötzlich Krankenhäuser explodierten, Schulen zusammenfielen und Brücken in die Donau platschten. Warum, fragte man sich, schießt die NATO mit Marschflugkörpern, überaus intelligenten und hochpräzisen Waffen, die den Stadtplan von Bagdad und Belgrad besser kennen als zehn türkische Taxifahrer den von Solingen oder Suhl, warum also schießen die so eine Hightech-Waffe mit einem Stückpreis von einer Million Dollar zielgenau auf eine russische Radaranlage im Zentrum von Belgrad, die vor drei Jahren gerade mal noch zweitausend Rubel wert war, längst verrostet und abgeschrieben ist und vor allem an dieser Stelle gar nicht mehr steht? Dort ist längst die chinesische Botschaft hingezogen.

Tja, sagte der stets grinsende Pressesprecher der NATO,

Krieg ist teuer, irgendwo müssen wir ja sparen, wir können uns halt nicht jedes Jahr einen neuen Falkplan von Belgrad leisten.

Man konnte sich als Laie sowieso nur verwundert fragen, warum man, wenn man den Frieden im Kosovo bewahren will, hundert Kilometer weiter im Norden Krieg führt. Mir persönlich leuchtete es dann urplötzlich ein, als ich morgens einmal wahnsinnige Kopfschmerzen hatte, weit und breit aber kein Aspirin in Sicht war und ich mir in meiner Not schließlich mit voller Wucht auf den rechten großen Zeh trat, so dass es am und im Kopf erst mal nichts mehr zu spüren gab.

Diese chirurgischen Schläge verfahren nach dem Kurpfuscher-Prinzip des Doktor Eisenbarth: Operation gelungen, Patient tot. So arbeitete man im Kosovokrieg, im Irakkrieg ist man dann einen qualitativen Schritt weiter gegangen: Patient tot, Operation läuft erst richtig an. Letztlich fährt also doch besser, wer sich an die bewährte Krankenkassenwahrheit aus Köln-Kalk hält, die da lautet: Der Arzt ist oft gefährlicher als die Krankheit.

Eingreifen – aber richtig

Die wesentliche Frage bei vielen solcher Einsätze ist ja, wann man in solche Kriege oder Bürgerkriege überhaupt eingreifen sollte. Ich habe einmal mit Henry Kissinger darüber gesprochen, der mir erklärte, beim Eingreifen gehe es immer um das Ziel und den Preis. Also stelle sich immer die Frage, für welches Ziel man welchen Preis bezahlen wolle. Und da gäbe es, führte Kissinger aus, drei Möglichkeiten. Fall eins: Man lässt zu, dass sich die balkanesischen oder somalischen oder afghanischen Streithähne abschlachten, bis ihnen die Puste ausgeht und sie nicht mehr können. Man greift also gar nicht ein, weil dann eh schon alles Wurst ist. Der Preis, den man selbst zahlt, ist dann zwar okay, aber das Ziel kann man nur schwer billigen. Fall zwei: Man greift ein, um peace zu maken, also Frieden zu erzwingen, und nimmt dafür so viele Opfer in Kauf, wie man braucht, um die Serben oder Gotteskrieger oder Warlords zu besiegen. Das Ziel ist in diesem Fall zwar sehr schön und ehrenwert, aber der Preis dafür ist sehr, sehr hoch. Aber Henry, habe ich Kissinger gefragt, was empfehlen Sie persönlich denn? Ich, hat er geantwortet, empfehle Fall drei, das heißt, man greift erst ein, wenn die Streitparteien nach erbittertem Kampf und erbarmungslosem Gemetzel eingesehen haben, dass sie ein Ende wollen und dankbar sind, wenn man zu ihnen kommt, um Frieden zu schaffen. Da erreicht man dann ein gutes Ziel zu einem annehmbaren Preis. Und wo, habe ich Kissinger daraufhin gefragt, ist der Unterschied zu Fall eins? Da gibt's keinen, hat er mir geantwortet, außer, dass wir hier am Ende mitmischen und uns keiner vorwerfen kann, wir hätten nicht eingegriffen.

Diese Lösung finde ich strategisch und moralisch doch etwas unbefriedigend. Ich halte mich da mit größerem Gewinn an den Wirt meiner Stammkneipe in Köln-Nippes, den ich meist aufsuche, wenn es mir seelisch nicht gutgeht. Allerdings warte ich bis kurz vor Feierabend, weil ich dann dort Leuten begegne, denen es noch schlechter geht, worauf es mir dann relativ gesehen wieder besser geht. »Für mich«, sagt mein Wirt, »ist die Weltgeschichte eine Wirtschaft mit eigener Völkerschlachtplatte, wo über der Wirtshaustür das Schild HIER METZGERT DER WIRT SELBST hängt.« Neulich hat mir der Wirt auch das Geheimnis des richtigen Eingreifens enträtselt. Da kam, als er gerade klar und deutlich die letzte Runde angekündigt hatte, wie aus dem Nichts schlechte Stimmung auf, und ich fragte ihn: »Edi«, so heißt mein Wirt, »wann ist für einen Mann mit deiner Erfahrung der richtige Zeitpunkt zum

Eingreifen gekommen?« Er gab mir eine Antwort auf überzeugendem strategischen Niveau: »Heinrich, das ist schwierig, denn entweder greift man zu früh ein, dann geht die Stimmung kaputt. Oder man greift zu spät ein, dann gehen die Gläser kaputt. Doch den richtigen Zeitpunkt erwischt man auch als Wirt mit Erfahrung nur äußerst selten.«

Wann ist ein Krieg ein Krieg?

Bleibt die Frage, ob ein kriegerischer Kampfeinsatz überhaupt als Krieg bezeichnet werden kann und soll. Die aktuellen Anlässe hierfür werden ja leider immer häufiger. Hier hilft nur klare Unterweisung. Also bitte mal Ruhe jetzt, aufgepasst und geistig stillgestanden!

Heute steht wieder mal Kriegskunde auf dem Lehrplan, und aus aktuellem Anlass beschäftigen wir uns mit der Frage: Wann ist ein Krieg ein Krieg?

Dabei – mal Ruhe dahinten! – muss man wissen: Nicht jeder Krieg, der wie Krieg aussieht, wird auch Krieg genannt – und warum? Gute Frage! Weil, erstens, »KRIEG!« – das kriegt man schon vom Klang her mit – ein großkalibriges und explosives Sprachmittel darstellt, das nicht jeder wie er gerade will und lustig ist, verschießen kann, sondern nur derjenige, der dafür an der Wort-Kanone ausgebildet ist und über einen entsprechenden verbalen Waffenschein verfügt.

Wann, zweitens, die Wortgranate »Krieg« zum Einsatz freigegeben wird, hängt vom operativen Nutzen ab.

»Der Krieg gegen den Terrorismus kann 50 Jahre und länger dauern!«, hat der frühere amerikanische Vizepräsident Dick Cheney gesagt und hier das Wort »KRIEG!« richtig zum Einsatz gebracht, und zwar warum? Gute Frage! Um die Bürger daran zu gewöhnen, dass wahnsinnig viel Rüstung und Geld gebraucht werden, um diesen Krieg erfolgreich hinzukriegen.

Warum, drittens, wird aber bei uns die Wortpatrone Krieg nicht abgefeuert? Wer weiß das? Weil wir Wahlen vor der Tür haben – Richtig! – und einem Verteidigungsminister das Wort »Krieg!« als Rohrkrepierer um die Ohren flöge. Und seiner Partei auch.

Warum aber, viertens, sprechen wir dann bei getöteten Soldaten trotzdem von »Gefallenen«? Wer weiß das? Keiner? Die korrekte Antwort lautet: Statt »getötet« oder »umgekommen« kommt »gefallen« zum sprachlichen Einsatz, um die Frage nach dem Sinn so eines Unternehmens mit tödlichem Ausgang geistig wegzubomben, denn das Opfer eines »Gefallenen« darf bekanntlich was nicht? Richtig! Es darf »nicht umsonst gewesen sein«! Sondern dieses Opfer des eigenen Lebens verlangt Achtung, Pietät, Hingabebereitschaft. Also? Nicht die Frage stellen, ob wir diesen Krieg auch hinkriegen, sondern? Richtig – dass wir weitermachen! Denn, wie unser Verteidigungsminister klar und deutlich in die Fernsehkamera sagte: Wenn auf uns geschossen wird, dann wird von uns zurückgeschossen!

Fassen wir also zusammen: Ein Krieg ist nicht schon dann ein Krieg, wenn es Krieg gibt, und damit also Gefallene, sondern erst dann, wenn wir es hingekriegt haben, dass die Bevölkerung den Krieg auch will. Und dafür ist das Wort »gefallen« ein kriegsstimmungsförderndes Mittel. Und bis dahin sprechen wir nicht von Krieg, sondern von friedenserzwingenden Maßnahmen, denn die deutsche Freiheit wird nicht umsonst solange am Hindukusch verteidigt, wie sie im Sauerland bedroht ist. Ende der Durchsage und geistig weggetreten!

Versuche

Die Politiker haben wir im Sack,
jetzt brauchen wir nur noch das Volk.
MARTIN KANNEGIESSER

Die Mitte besetzen

Für eine gute Stimmung braucht es den stimmigen Slogan, das Motto, die Devise. Ein guter Schlachtruf ist die halbe Miete.

»We shall overcome!« war nicht schlecht damals. »Wat mutt, dat mutt!« bringt's nicht, staubig, spießig, schicksalsergeben auf kleiner Flamme. Oder »Wie geht's? Muss!« – genauso trostlos, einfach keine Bewegung. Besser schon »Das Wichtige tun!«, die Kampfparole der SPD zur Wahl 2005. Da stand aber gleich die Frage im Raum, wer denn das Wichtige tun soll? Es gab nur eine Antwort – die Wichtigtuer. Und natürlich die Wichtel, mit denen es getan wird, weil sie es mit sich tun lassen.

Die CDU zog zeitgleich mit dem Schlachtruf »Deutschland – Chancen nutzen!« in den Wahlkampf. Damals fand auch der berüchtigte Leipziger Parteitag mit seiner neoliberalen Euphorie statt, auf dem Norbert Blüm wegen sozial-sentimentaler Anwandlungen ausgebuht wurde.

Also »Deutschland – Chancen nutzen!«, ein klassischer Zweiteiler mit komplex aufgebautem Wirkungsspektrum. Zum Einstieg beziehungsweise Intro »Deutschland« – ein Weckruf, bei dem sich bei jedem normal empfindenden Durchschnittsbürger die innere Fahnenstange aufrichtet, an der sogleich die gefühlten Nationalfarben aufgezogen werden, und zur Begleitung erklingt automatisch das Deutschlandlied wie ein Klingelton im Ohr. So wird die Gefühlsflanke aufgeweicht, in die dann als Teil zwei die Worte »Chancen nutzen!« gestoßen werden – ein Zuruf im Befehlston, ein abkühlender Schock. Du hast keine Chance, also nutze sie!

Ferner gibt es immer noch und immer wieder gerne, aber völlig einfallslos und abgegriffen: »Wir in …«. Also »Wir in Deutschland!«, »Wir in Europa!«, »Wir in Köln!«, »Wir in uns!«. Der Versuch einer totalen Inbesitznahme. »Wir!«

Diese Taktik wird nur noch untertroffen von der »Mitte«. »Wir sind die Mitte!«, »Die Mitte wählen!«, und was des mittigen Schwachsinns mehr ist. Wobei die Mitte nicht zufällig auftaucht oder willkürlich gewählt wird. Immer, wenn die reale Mitte, also der allseits bekannte Mittelstand, Angst vor dem Absturz hat, fetzt man sich wie die Kesselflicker um die gefühlte Mitte dieser Mitte: »Die neue Mitte« – SPD. »Hier ist die Mitte« – FDP. »Wir sind die Mitte« – CDU. Da wird die gefühlte Mitte doppelt und dreifach besetzt.

Dabei befindet sich die echte Mitte, also der Mittelstand, diese Stütze der Gesellschaft, gar nicht mehr in der Mitte. Der Mittelstand steht vielmehr längst mit dem Rücken zur Wand. »Die Mitte – auch am Rand«… klingt nicht schlecht, oder? »Da kommt der Mittelstand in Bewegung«… auch nicht schlecht! Ernst beiseite: Ohne Mitte gäbe es nur noch Ränder, und die Mitte würde selbst zum Loch, durch welches sie dann ihren Abgang beziehungsweise Abfluss verschaffen könnte. Denn heißt es nicht mit Fug und Recht »Ab durch die Mitte« und nicht »Verpisst euch in die Ecken«?

Aber es gibt wieder Hoffnung: Seit dem Wahlkampf in den USA sind neue, energiegeladene Zeiten angebrochen, in denen mit zukunftsfähigeren Parolen gearbeitet wird.

»Yes, we can!« Da kam doch Begeisterung auf. Und Bewegung. Es rührte sich was. Auch Rührung war zu verspüren. Bewegung als Rührung. Da wischte oder wusch man sich ganz unverhohlen Tränen weg. »Yes, we can!« löst in der Tat einen inneren Zuck-Impuls aus, eine Erfahrung wie früher, wenn man als kleiner Junge gegen einen elektrisch geladenen Weidezaun pinkelte.

Aber eigentlich ist »Yes, we can!« ein alter Hut und fußt, wie viele amerikanische Errungenschaften, auf deutschen Erfindungen. Die US-Mondrakete ist so ein Fall – in Peenemünde zusammengebaut und über London getestet.

»Yes, we can!« hieß bei uns früher kurz und knackig »Ruck!« und wurde von Roman Herzog entwickelt, dem früheren Bundespräsidenten und Erfinder der gleichnamigen »Ruck-Rede«. Ein Erfolgsschlager ist »Ruck!« jedoch nicht geworden. »Ruck!« ist wohl zu knapp, um wirklich anzukommen, wirkt zu sehr wie »Sitz!«, »Fuß!«, »Fass!«. Deshalb kam »Ruck!« erst so richtig in Schwung, als es in der Mainzer Fassenacht in dem platten Schlager »Rucki-Zucki!« verwurstet wurde, mit dem Vorteil, dass dazu geschunkelt werden kann.

Als anderer Vorläufer von »Yes, we can!« muss Rudolf Scharping anerkannt werden, der seinerzeit als Charismatiker und Demagoge mit »Jetzt geht's los!« in die Schlacht um Stimmen und Stimmung gegen Helmut Kohl zog. Auch nicht besonders erfolgreich, wie wir wissen, weil viel zu sehr mit dem Fluidum des Pfeifens im Walde behaftet.

Dann aber kam Münte auf den Markt, mit dem Zuruf »Es kann nicht sein!«. Münte ist ein anderes Kaliber. Allerdings muss man bei Münte eine wichtige Unterscheidung treffen: Auf der einen Seite gibt es das Münte, auf der anderen Seite den Müntefering. Das Münte ist ein Erreger, der die Menschen befällt und infiziert. Wenn man im Spätsommer ungeschützten Hauptes im Wald Pilze sammelt, fallen einem die Zecken aufs Dach und infizieren einen mit Borreliose. Und wenn man besonders in Wahlkampfzeiten geistig ungeschützt zu viel Glotze sieht, kann einen das Münte befallen und mit Mutzuständen anstecken, für die es keinen realen Anlass gibt.

Das Münte wird übertragen durch seinen Wirt Müntefering, einen Sauerland-Ötzi, der sich vor einiger Zeit selbst wieder aufgetaut hat. Müntefering besitzt, das ist sein Markenzeichen, einen sehr wortkargen Witz, man könnte sagen: ein Pumpernickel mit eingebackener Pointe, der oft einen dermaßen ausgetrockneten Humor praktiziert, dass er sich mit seinem eigenen Knäckebrot rasieren kann. Dieser ruhelose Raubauz und agile Agenda-Franz also überträgt das Münte nicht nur direkt, sondern vor allem durch mittelbaren Kontakt über Presse und Fernsehen. Angeblich soll sogar das Hörensagen schon ausreichen, um sich mit dem Münte anzustecken.

So schlicht und bieder Müntefering selbst seinem Erscheinungsbild nach daherkommt, so vielfältig ist das Münte in seiner Wirkung, was wir gerade beim zerrütteten SPD-Haufen erleben: Das Münte funktioniert als Aufrüttler, der den viel beschworenen Ruck auch tatsächlich erzeugt, genauso wie als Stabilisator gegen Wankelmut. Es bewährt sich als Bindemittel für Geschlossenheit und besitzt vor allem als Erreger von Erwartungen große Qualitäten. Das Münte, könnte man sagen, ist eine Art Prinzip Hoffnung, wozu Günther Anders freilich bemerkte, Hoffnung sei kein Prinzip, sondern ein völlig unberechtigter Gefühlszustand. Auch damit ist das Münte hervorragend charakterisiert.

Wer vom Münte infiziert wird, merkt dies am Ansteigen eines speziellen Fiebers, mit dem Trugbilder und Illusionen aufgewärmt werden: von Neubeginn, Wechsel, Wandel und »Yes, we can«-Impulsen – Barack Obama würde vor Neid ergelben. Das Münte setzt einen Gärprozess in Gang, eine Art Hoffnungshefe. Dabei arbeitet es äußerst suggestiv und erzielt seine Effekte durch schlichte Schlagworte und simple Parolen. Diese werden im für das Münte typischen Verbalbaukasten erzeugt, mit dem sich aus wenigen Eigenschafts- und Hauptwörtern fast unendlich viele Polit-Pointen erzeugen lassen: »heiß«, »hart«, »voll« im Verbund mit »Herz«, »Kante«, »Hose« – fertig ist die Chose: Heiße Hose und harte Kante – heiße Kante und hartes Herz – volles Herz und harte Hose, wie auch immer. Das Münte schafft es damit, sowohl den versoffensten Stammtisch als auch die hochnäsigste Journaille zu begeistern. Es ist für die Geschlossenheit einer Partei, was Persil für die Wäsche ist: Münte – da weiß man, was man hat.

Kaum war Münte wieder Parteivorsitzender, somit als sein eigener Nach-Nach-Nachfolger im Amt, griff er gleich voll ins Geschehen ein und rief den Genossen und Genossinnen zu: »Es kann nicht sein!« Er meinte damit, es könne nicht sein, dass die Banker so viel verdienen. Ich flüsterte ihm damals zu: »Franz, es ist aber so …«, was weder ihn noch seine Zuhörer in ihrer Begeisterung bremsen konnte. So entsteht bedingungsloses Vertrauen in das eigene Wollen und Sollen. Wie wenn der Familienvater zum Sonntag gutes Wetter für den Familienausflug verspricht, die Kleinfamilie ihm freudig vertraut, der Familienvater aber dann am Sonntagmorgen, als er die Gardine beiseite schiebt, sehen muss, dass es Katzen hagelt – was sagt er da, um die Stimmung wieder aufzurichten? »Es kann nicht sein!« Und was passiert? Es hagelt weiter. Aber der Unmut flaut ab, Vertrauen und Hoffnung stellen sich wieder ein.

Zurück zu »Yes, we can!« – es funktioniert ähnlich, nur etwas anders. Bei »Es kann nicht sein!« wissen wir, dass es aber so ist. Bei »Yes, we can!« ahnen wir, dass es so bleibt, wie es ist. Aber, wie gesagt, immerhin hat sich was gerührt.

Krankenkassenserien

Eine Hauptquelle für Mut und Kraft im Alltag stellt sowieso das Fernsehen dar. Man erlebt sich und seinesgleichen als permanente Zumutung, und je mehr man davon sieht, desto mehr mutet man sich zu. Nur zuviel des Guten führt zu Verwirrung. Hören Sie mal, eine Frage, woher kenne ich Sie? Irgendwoher kenne ich Sie doch … Helfen Sie mir mal auf die Sprünge! Doch, doch, ich kenne Sie … Waren Sie nicht neulich sogar bei mir zu Hause, oder waren Sie das etwa gar nicht?

Aber woher kenne ich Sie? Sie sind doch der Tierarzt, der neulich den Hund … Nee, das sind Sie nicht, aber der Bergdoktor sind Sie auch nicht … Sachsenklinik? Ich komme noch drauf!

Arztserien sind seit langem unwahrscheinlich als seelische Tankstelle im Trend. Da wird einem auch oft echt geholfen! Vor allem von dem Arzt, dem die Frauen vertrauen, obwohl ich meiner Frau immer sage: Als die Schwarzwaldklinik lief, sahst du besser aus. Die vielen Arztserien hängen mit Sicherheit mit den Einsparungen bei den Krankenkassen zusammen. Weil sich viele Leute ihre Krankheiten nur einbilden, laufen sie von einem Doktor zum anderen, ohne dass ihnen jemand wirklich helfen kann, weil sie ja gar nicht richtig krank sind, aber eine Behandlung brauchen, denn sonst werden sie krank. Um dieses Problem zu lösen, kriegen sie jetzt eine Facharztserie nach der anderen zur Auswahl, das hilft schon vielen, weil sie sich, solange sie hinsehen, gut behandelt fühlen.

Das ist interaktives Fernsehen. Denn worum geht's denn? Dass wir bei Laune bleiben. Ein Volk, das sich seine gute Laune bewahrt, das ist das Ziel der Fernsehunterhaltung. Mit Kopfhängenlassen gewinnt man keine Schlachten, keine großen und auch nicht die kleinen des Alltags. Das stammt nicht von mir, sondern von Goebbels, Dr. Goebbels ... Die haben die Durchhaltefilme damals ja erfunden. Aber was damals die Durchhaltefilme waren, das sind heute die Arzt- und Krankenschwesterserien noch lange nicht.

Rauchverbot? Einlauf!

Reale Verbesserungen der Volksgesundheit stoßen da auf größere Widerstände. Das Rauchverbot zum Beispiel in Kneipen, Zügen, selbst auf Bahnsteigen und Rolltreppen – ganz starker Tobak! Und ausgerechnet von den Schluckspechten im Bundestag per Gesetz beschlossen und verkündet! Aber denen werden die Raucher was husten! Ja, sind es denn nicht die Raucher, die sich permanent und ohne Rücksicht auf eigene Verluste um die Volkswirtschaft verdient machen, die sich unermüdlich opfern? Während die Nichtraucher nur zu geizig sind, die Krankenhausangestellten am Kacken zu halten, die den Rauchern später das Bein amputieren? Aber natürlich! Der Teerteppich in der Raucherlunge ist die Fangopackung für das gesundheitliche Luxusleben der Nichtraucher.

Und je mehr die Raucher rauchen, desto häufiger entlasten sie die Krankenkassen zusätzlich und vor allem frühzeitig durch schnelles Abkratzen, so dass die ganzen Beiträge, die sie als Raucher eingezahlt haben, übrig bleiben, um die Krankheiten der Nichtraucher zu kurieren, von denen diese sich die meisten sowieso nur einbilden, um den Rauchern ein schlechtes Gewissen zu verpassen!

Wer sagt denn, dass eingebildete Krankheiten billiger sind als echte? Gesund sein, aber dabei simulieren und krankfeiern – das dauert endlos und ist unheilbar! Im Gegensatz zum Raucher, der sich kerngesund fühlt, obwohl er in Wirklichkeit vom Tode gezeichnet ist und meistens lange vor dem Nichtraucher abkratzt!

Haben die Nichtraucher bei ihrem gnadenlosen Kreuzzug gegen das Rauchen und die Raucher eigentlich an die Tabakarbeiterinnen gedacht? Die sind denen doch egal! Statt Kippen drücken die Menschen aus! Carmen hatte letztes Jahr noch einen todsicheren Job als Zigarettendreherin in Sevilla, aber weil die Nichtraucher vom Urlaub auf Mallorca keine zollfreien Stangen Marlboro mehr mitbringen, wurde sie arbeitslos, musste auf den Strich gehen und fiel einem liebestollen Bullen zum Opfer. Erst vernaschte er sie, dann spießte er sie auf, und jetzt muss sie sich in der Oper zu Tode singen.

Die Nichtraucher gehen in ihrem Rauchverbotswahn so weit, dass mittlerweile selbst die Friedenspfeife im UN-Sicherheitsrat verboten wurde. Da muss man sich nicht wundern, wenn Unfriede herrscht und Kriege ausbrechen!

Wenn jetzt sogar die Kölsch-Kneipen gesetzlich zu Nichtraucherzonen gemacht werden – mein Stammwirt in Nippes ist vorbereitet! Der verteilt in der Eingangstür Gasmasken an die Nichtraucher, damit sie überall ihre raucherfreie Zone haben. Und ihr Kölsch kriegen sie trotzdem – als Einlauf!

Bonus-Verzicht

Kommen wir zurück zum Bereich von Geld und Finanzen – auch da gibt es Lösungen und Scheinlösungen. Bon oder Bonus zum Beispiel – das ist hier die Frage! Einen Bon gibt's für leere Flaschen, einen Bonus für leere Kassen. Anders als beim Bonus ist beim Bon höchste Vorsicht geboten – wird er einmal unrichtig eingelöst, ist das Vertrauen umgehend hin, und die Entlassung, die fristlose, folgt auf dem Fuße. Rentenansprüche sind damit selbstverständlich auch futsch. Also im Zweifelsfall lieber auf den Bon verzichten, dann kann man nichts falsch machen.

Und was könnte man beim Bonus falsch machen? Auf ihn verzichten! Das wird zwar oft gefordert, wäre aber Haupt- und Kardinalfehler – aus Sicht des Bonierten, der sich natürlich sagt: Ich bin doch nicht borniert! Warum überhaupt verzichten? Weil es dem Geldinstitut dreckig geht? Das kann, sagt der Fachmann, nur jemand fordern, der von der Sache keinen blassen Schimmer hat. Der Bonus, so sieht's aus, macht die Bank nämlich nicht kaputt, sondern ganz im Gegenteil, er rettet sie. Wenn die Bank eine Bauch- oder Bruchlandung hinlegt, muss der Bonus nicht gestrichen, sondern aufgestockt werden – so wird ein Schuh draus!

Ja, erinnern Sie sich denn nicht mehr an das Passagierflugzeug, das vor einiger Zeit wegen Turbinenausfalls mit Ach und Krach per Bauchlandung auf dem Hudson River notgewassert wurde? Da wurde der Pilot doch als Held gefeiert! Und hätte einen Superbonus verdient gehabt. Wenn vergleichsweise Renditetriebwerk und Zinsturbine einer Bank stottern und aussetzen – wer legt dann mit diesem Dividendenjumbo eine sichere Bruchlandung hin? Und sorgt dafür, dass selbst bei Turbulenzen in der Wirtschaft und hart aufsetzenden Kursen der Laden nicht völlig auseinanderfliegt? Na also. Und wenn es dann nicht, wie bei Lehman Brothers, zu Mayday-Mayday-Mayday und Totalschaden kommt, wäre doch, und das ist das mindeste, ein Gutti angesagt, wären ein paar Möhrchen fällig, wie Hartmut Mehdorn sich immer ausdrückte, als er noch Bahn-Chef war und bei seinem Minister Tiefensee um Appetizer für den Börsengang bettelte. Denn so wenig ein Pilot dafür kann, dass sein Triebwerk Feuer fängt, so wenig kann der Banker dafür, sagt er jedenfalls, wenn in der Finanzwirtschaft die Luft brennt und die Überflieger vom Himmel fallen.

Schlechter Vergleich? Dann mal eine direkte Frage an die Kritiker: Können Sie als geprellter Kunde vielleicht eine Bank retten? Nein? Ach was! Aber meckern! Das kennt man ja. Gut, Sie haben zwar reichlich Geld verloren, und der Banker wird seine Schuld daran auch gar nicht beschönigen wollen, aber wenn er nicht wäre, hätten Sie gar nichts mehr auf dem Konto. Denn was haben Boris Becker und eine bankrotte Bank gemeinsam? Den harten Aufschlag! Dass es dazu nicht gekommen ist, dafür sollten Sie dem Banker dankbar sein, ihm die Füße küssen, eine Kerze im Dom für ihn anzünden.

Also geht's nicht darum, dass der Banker auf seinen Bonus verzichten, sondern dass vielmehr Sie, der Glück-im-Unglück-Kunde, noch was drauflegen sollten. Ohne Banker sind Sie am Ende! Ach Gottchen, dass jetzt auch noch der Staat die Gehälter der Banker begrenzen will! Für Leute wie Ackermann ist das überhaupt kein Problem: Dessen Einkommen von vierzehn Millionen Euro bestand wie gesagt sowieso zu über neunzig Prozent aus Bonus und Prämien, nur zehn Prozent waren festes Gehalt. Wenn der Staat diese zehn Prozent jetzt einschränkt – was steigt strukturell? Sein Bonus natürlich!

Kaisers Kasse

Diese Aufregung um die Kassiererin von Kaiser's Kaffee – großartig! Wunderbar, wie da die Wogen hoch und runter gingen. Und die öffentliche Debatte, die darüber ausbrach – eine Glanzleistung. Wegen einem Euro dreißig nach dreißig Jahren an des Kaisers Kasse fristlos und ohne Abfindung gekündigt zu werden – und das ausgerechnet in dieser unserer Zeit, in der Tausende von Milliarden Euro versenkt, verbrannt und geraubt werden – das war kein Widersinn, wie viele meinten, sondern Sinnstiftung! Im Orkan der Empörung, Verzweiflung und Wut brachte hier ein Volk, und zwar das deutsche, die Kraft auf, sich mit einem Euro dreißig auseinanderzusetzen – das muss man sich mal vorstellen! Hier handelte es sich um eine seelische Operation am offenen Herzen der deutschen Schicksalsgemeinschaft. Ein Meisterstück sozial-psychologischer Führung, vor allem da Orientierung heute nötiger ist denn je. Durch das Gerichtsurteil, die Entlassung sei rechtens gewesen, wurden alte, eherne Wahrheiten wieder aufgetischt, die dem gebeutelten Volk Halt und Orientierung geben können. Wehret den Anfängen! Jeder kehre vor seiner Tür! Wer nach Strafe ruft, muss bei sich selber anfangen! Also nicht gleich den Balken im Auge des Bruders, sondern erst mal den Splitter im eigenen Auge sehen. Der werfe den ersten Stein, der nicht im Glashaus sitzt, ehrlich währt am dümmsten, wer den Pfennig nicht ehrt und so weiter, denn auch Mord beginnt beim bösen Wort.

Dieses Urteil ist eine Wutbremse, ein Empörungsstopper, ein Keil in die Einigkeit der Gedeckelten und Geduckten. Hätte man die Frau vor ein Strafgericht gezerrt und wegen einer Straftat, also wegen Diebstahls angeklagt, wäre sie freigesprochen worden – Aussage gegen Aussage, im Zweifel für die Angeklagte, es gilt die Unschuldsvermutung. Aber, was diese Frau der Verbrauchergemeinschaft angetan hat, ist unentschuldbar: Sie hat das Vertrauen gebrochen. Da gilt nicht Straf-, sondern Arbeitsrecht. Und da wiederum reicht schon die Beschuldigung, wie wir es aus der guten alten Zeit der Hexenprozesse kennen. Damals hätte man sie allerdings schon zu einem Schuldeingeständnis gebracht – soll die Frau doch froh sein, dass sie nicht gefoltert und auf dem Scheiterhaufen gebrutzelt wurde! Da ist den Berliner Richtern wahrhaft eine geistig-moralische Notlandung gelungen, die sich mit der des Passagierflugzeugs auf dem Hudson River durchaus messen kann.

Einzigartig, diese Konzentration auf die Stecknadel im Heuhaufen der Milliarden. Ein Euro dreißig – ein finanzieller Mikrokosmos zusammengesetzt aus zwei Bons.

»Bon« aber heißt »gut«, und ein Bon ist aus Papier, also eine Art Schein – folglich ist ein Bon ein Gutschein, und zwar für eine Pfandflasche. Darin liegt die entscheidende Lehre: Ein Bon ist kein Bonus. Was der Unterschied ist? Einen Bon kann man klauen, was verwerflich ist, den Bonus bekommt man, wenn man andere erfolgreich beklaut. Der Bonus ist rechtens und kann eingeklagt werden, beim Bon wird man schon mal verklagt. Bon heißt »gut«, Bonus »das Gute«, aber aus zwei Bons werden niemals Boni. Auch ein Bon ist ein Derivat, aber halt auf eine leere Flasche.

Rebellierende Kuponschneider

Früher hatte ich in Bieraktien investiert, genauer gesagt in Papiere der DAB, der Dortmunder Actien-Brauerei, ein Unternehmen des Dr.-Oetker-Konzerns mit vielen Ruhrkumpeln als Kleinaktionären, denen es jahrzehntelang keine Dividende gezahlt hatte. Auf der damaligen Hauptversammlung wurde ein alkoholfreies Pils als neues Schluckprodukt präsentiert, aber dennoch nichts ausgeschüttet als das, was die Teilhaber im kleinen Saal der Westfalenhalle zu trinken bekamen. Der Sprecherin einer Wertpapiervereinigung, die diese Politik angesichts steigender Gewinne und Dividendenausschüttungen in anderen Brauereistandorten hinterfragte, antwortete der Chef des Aufsichtsrates: Sehen Sie, bei uns im Pott geht's den Menschen erstens schlechter als anderswo, und zweitens haben wir viele andersgläubige Nachbarn, die dem Alkohol aus religiösen Gründen abgeschworen haben. Aber wenn Sie, gnädige Frau, und Sie, liebe Aktionärsfreunde, selbst mehr DAB trinken, kommen wir da schon ein gutes Stück weiter, da das den Bierausstoß steigern würde, und damit den Gewinn, also auch die Dividende, so dass wir wieder an eine Ausschüttung denken und Sie sich wieder über eine annehmbare Rendite freuen könnten.

So nicht, war mir klar, und ich meldete mich zu Wort: Wir, die Aktionäre, hochgeschätzte Geschäftsführung, haben das Recht, unseren Anteil am Unternehmensgewinn in Mark und Pfennig zu kassieren, und brauchen uns nicht mit guten Worten und einer bescheidenen Fress- und Schluck-Dividende abspeisen zu lassen, von der wir das meiste – noch bevor der Tagesordnungspunkt Entlastung des Vorstands abgeschlossen ist – schon wieder auf der Toilette zurückgegeben haben. Da sind nicht lockere Sprüche angesagt, sondern innovatives Denken und Handeln gefragt. Und wenn die DAB schon ein alkoholfreies Bier auf den Markt bringt, sollte sie bitte nicht über Mitmenschen mit anderem Glauben und anderer Trinkkultur lästern, sondern konstruktiv vorgehen, die Chancen nutzen und einen Langzeitvertrag mit dem Ayatollah in Persien abschließen, um das neue Produkt in Mekka als alkoholfreies Pilgerpils vermarkten zu können.

Eine Anregung, die nicht spurlos verhallte, sondern dazu führte, dass selbst im hintersten, tiefgläubigsten Pakistan am Karakorum Highway alkoholfreies DAB in Dosen angeboten wurde. Nur auf die Tantieme für diese zündende Idee warte ich noch heute.

Auch beim RWE, dem Rheinisch-Westfälischen Elektrizitätswerk, wurde ich auf der Hauptversammlung in der Essener Grugahalle vorstellig, weil der Vorstand die Kritik der Aktionäre an der Umweltverschmutzung arrogant weggebügelt hatte. Zunächst applaudierten mir dort auch die Führungskräfte des Konzerns, als ich bekannte, dass ich die Ausführungen der kritischen Aktionäre skandalös gefunden hätte. Weiterhin große Zustimmung, als ich betonte, dass ich die Antwort des Vorstandsvorsitzenden darauf als sehr interessant und aufschlussreich empfunden hätte. Dann aber wurde es unruhig, als ich darauf hinwies, dass wir Deutschen immer zu unseren Schweinereien hätten stehen müssen. Zum Ersten Weltkrieg, zum Zweiten Weltkrieg … Bei meinem Vorschlag, der Vorstand des RWE solle nun auch zu seinen Schweinereien stehen, war die Zustimmung plötzlich in wütende Ablehnung durch einen massiven Chor von Buh-Rufern umgeschlagen.

Nicht viel besser erging es mir bei der Dresdner Bank, deren Aktionäre ich seinerzeit in ihrem eigenen Interesse zu ein wenig geschichtlicher Aufarbeitung überreden wollte. Während meiner Kritik an der Unterstützung rassistischer Regierungen und Diktaturen durch dieses Kreditinstitut wollte man mich mit Rufen wie »Aufhören!«, »Langweilig!« und so weiter aus der Konzentration bringen, und bald forderte mich der Versammlungsleiter auf, sofort zum Schluss zu kommen, weil ich ja merken würde, dass man das nicht hören wolle. Aber als ich dann für meine Formulierung »Jetzt komme ich zum letzten Satz« donnernden Applaus erntete, nahm ich das zum Beweis, dass man doch noch einiges von mir erfahren wollte, und legte mich erst so richtig ins Zeug. Leider meinte man sogleich, ich hätte den Applaus wohl falsch verstanden, und die Buh-Rufe schwollen erheblich an. Da bekam ich einen kleinen Anfall von moralischem Pathos und rief der Versammlung in einiger Erzürnung zu: »Geschätzte Kleinaktionäre, wenn Sie schon nicht arbeiten und stattdessen Ihr Geld arbeiten lassen, dann sollten Sie zumindest dafür sorgen, dass Ihr Geld keine Sauereien macht, sondern anständig arbeitet!« Da war's ganz aus, und ich musste sehen, wie ich unbeschadet aus dem Saal kam.

Moral

Ist das Hirn zu kurz gekommen,
wird sehr gern Moral genommen.
Wiglaf Droste

Verzichten lernen

Verzichten kann Lösungen bieten und Energien freisetzen. Ich persönlich verzichte gern. Neulich war ich auf einem ökologischen Verzichtskongress in Frankfurt – ein toller Erfolg! Nach drei Tagen war der Kongress pleite, weil die meisten Besucher darauf verzichtet hatten, überhaupt hinzugehen. Ich absolvierte dort ein dreitägiges Verzichtstraining. Wenn ich jetzt was kaufe, läuft mein innerer Konsumkorrektor »Shopping for a better world« stets als Kontrollinstanz mit. Da sind Wachstum, Fortschritt und Schrumpfung keine Gegner mehr, sondern voll kompatibel als Fortschrumpf durch Schrumpfschritt!

Zum Beispiel mein Hemd hier: Das sticht zwar etwas in die Augen, aber ist nicht nur ökologisch, sondern auch moralisch astrein, und trägt den Stempel »Jugendfrei« hier im Aufnäher. Es wurde nicht von versklavten, verkrüppelten Inderkinderhänden zusammengestrickt, sondern auf Originalschauplätzen von Ureinwohnern gewoben und gestickt und ist damit voll kompostierbar. Das transpiriere ich in fünf Auftritten weg, dann schmeiße ich es in meinen Vorgarten, und im nächsten Jahr ernte ich Radieschen daraus.

Der Vin Rouge, den ich trinke, wurde nicht mit der Vernichtung von Milliarden von Rebläusen erkauft. Ich grenze prinzipiell keine tierischen Minderheiten aus. Auch Motten dürfen zu mir kommen, denn ich bin ihr Heiliger Franziskus. Seit drei Monaten halte ich mich jetzt schon mit Moral und Müsli zusammen – fleischfrei leben für den Klimaschutz! – und sehe auch schon aus wie drei Jahre später.

Möhren kaufe ich nur noch bei der Firma Landlinie, die sind ungespritzt und stecken so voller Leben, dass es schon Energie kostet, sich zu überwinden, da überhaupt reinzubeißen. Doch seit ich mit dem Rattenzahnnagetraining angefangen habe, geht's einigermaßen. Und wenn nicht sage ich mir, was soll der Geiz! Lieber eine Laus im Kraut als überhaupt kein Fleisch.

Allerdings muss ich erleben, dass in weiten Kreisen der deutschen Bevölkerung bösartige Missverständnisse gegenüber Leuten wie mir herrschen. Viele Menschen meinen, Vegetarier würden länger leben, obwohl sie ständig ins Gras beißen. Das stimmt gar nicht, wir sehen nur älter aus!

Raus aus dem Mais, rein in die Kartoffel!

In diesem Zusammenhang erhält auch die Debatte über die Grüne Gentechnik eine andere Bedeutung. Raus aus dem Mais, rein in die Kartoffel! Aber warum? Wo ist der Unterschied? Warum kein Gen-Mais, aber dafür die Gen-Kartoffel? Zugegeben, es erscheint unlogisch, aber nur auf den ersten Blick. Denn Gen ist nicht gleich Gen. Es geht nämlich nicht um einfache Nur-So-Gene, sondern um Gegen-Gene, die auf einen Gegner angesetzt werden, den sie zu bekämpfen haben. Die Frage ist nun, gegen welche Gegner die Gene vorgehen sollen. Da liegt der Hund begraben, da wird der Unterschied ersichtlich!

Das Gen beim Mais kämpft gegen einen Eindringling, einen Käfer, eine Made, also quasi gegen einen Taliban des Feldes und der Frucht, und gegen solche wird bekanntlich nicht gegent, sondern gebombt. Ganz im Gegensatz zum Gen in der Kartoffel, das gegen einen fiesen, ungreifbaren Erreger vorgeht, einen Infizierer, eine Ansteckung also, und die sind weit schlimmer und schwieriger zu bekämpfen. Vor allem weil traditionelle Mittel da nicht wirklich helfen, wie wir bei der Bahn oder der Post oder auch bei der Supermarkt-Kette Lidl gesehen haben, wo ebenfalls Betriebsschädigungen aller Art per Ansteckung übertragen wurden. Im Kampf gegen diese Seuchen wurde gescannt und gerastert, wurden Mails überwacht und Festplatten gesäubert – aber im Endeffekt wurden nur sehr wenige richtige Treffer und umso mehr Aufregung sowie schlechte Stimmung erzielt, was wiederum plumpe Täuschungsmanöver erforderlich machte, um den eigentlichen Zweck der Übung zu vertuschen.

Bei solchen Problemen hilft die Genforschung. Denn die Gene, also die Geheimnisse unserer Funktions- und Reaktionsweise, die Legosteine im Wunderland der Erbanlagen und des Organismus, bringen im Unternehmen, in der Wirtschaft, im Hamsterrad des Lebens und Strebens beste Ergebnisse. Zum Beispiel das Ozonloch und die Gefahren, die von ihm ausgehen. Statt uns dagegen einen Sonnenschirm zu kaufen, verschaffen wir uns lieber eine neue Haut, ein Ergebnis der Genforschung, eine Mischung aus Rattenfell und Echsenschuppen, entstanden aus einer Kreuzung von Kakerlake und Kanalratte.

Wenn man mit Genen physische Krankheiten bekämpfen kann, dann geht das auch bei psychischen Defekten. Denn wenn die Forschung bereits dem Schwulen- und Lesben-Gen so dicht auf den Fersen ist, den sogenannten Veranlagungsgenen, dann kriegt sie auch das Psycho-Gen bald in den Griff, das Murr-, Meuter- und Protestverhalten steuert – das sogenannte Mecker-Gen. Aber warum erst mal Tests bei Kartoffeln und nicht bei Ratten, Affen und Mäusen? Gute Frage! Vielleicht weil man in der Kartoffelforschung bereits ein entscheidendes Stück weiter ist.

Opfer-Kartoffel

Sich für andere opfern – wer schafft das heute noch? Sie werden staunen: die Kartoffel! Damit hat sie die höchste Stufe erklommen, die eine Pflanze bisher erreichen kann.

Im Max-Planck-Institut für Züchtungsforschung in Köln hat man bei der Kartoffel ein Freitod-Gen isoliert, das einer Kartoffel, die von einer tödlichen Kartoffelkrankheit befallen ist, den Selbstmord verordnet, oder besser gesagt den Freitod, bevor sie die anderen Kartoffeln auf dem Kartoffelfeld, im Kartoffelkeller oder im Kartoffelsack ansteckt.

Ja, die primitive Pellkartoffel, die man rücksichtslos zu Reibekuchen zerreibt, vierteilt und ins kochende Fett von Friteusen treibt, mit Eigelb und Mehl zu traurigen Klößen panscht und auf Teutonen-Tellern als Sättigungsbeilage zermanscht, die hat kapiert, was sonst nur moralisch ganz hochstehende Wesen begreifen: sich opfern.

In der Geschichte gibt es große Vorbilder für die Kartoffel. Jesus zum Beispiel – aber so weit muss man gar nicht gehen. Es gab auch viele andere Helden, die sich opferten, um andere zu retten. Die Botschaft der Kartoffel aber lautet: Jeder kann es schaffen! Auch das gemeine Mittelmaß! Jeder kann lernen, dass man besser die Platte putzt, wenn man den anderen durch das Kleben am Leben nur noch auf den Wecker geht.

Ein hochmoralisches Gen also, das beweist, wie viel Stärke doch in einer Kartoffel stecken kann. Glücklicherweise hat die Kartoffel ja auch ein weitaus positiveres Image beim Menschen als etwa Ratte, Affe oder Maus, von denen man sich Anstand und Haltung am allerwenigsten abschauen will.

Aber wer würde sich schon gerne von einer Kartoffel den Schneid abkaufen lassen!? Wenn eine Kartoffel das schafft, wäre es doch gelacht, wenn sich der Mensch da lumpen ließe! Auch er kann es schaffen, und wenn nicht aus eigener Kraft, dann wird er mit der Gentechnik dahin gebracht.

Der Tag dieser Entdeckung wird dereinst auf aller Welt gefeiert werden: Tag der Kartoffel, Potato Day, Jour de la Pomme de Terre. Statt Pommes frites – Pommes gen. Der gengesteigerten Kartoffel wird das Bundesverdienstkreuz mit Messer und Gabel verliehen, denn sie stellt die größtmögliche Steigerung der freien Marktwirtschaft dar.

Also: Rein in die Kartoffel! Mit Gen geht's.

Wiedergutmachung!

So gut, wie es die Kartoffel macht, gelingt es weiß Gott nicht überall. Man spricht zwar oft von Wiedergutmachung, aber berechtigte Skepsis ist angesagt, ob das dann auch wirklich gut gemacht wird. Eine Wiedergutmachung ist überhaupt ein ziemlich komplexes Phänomen. Erst mal löst eine Wiedergutmachung Zufriedenheit aus. Man kann, sonst wäre es ja keine Wiedergutmachung, danach zufrieden sagen: Freunde, es ist gemacht. Aber eine Wiedergutmachung ist mehr als das: Sie ist nicht nur eine Machung. Sie ist gut gemacht, folglich eine Gutmachung. Und damit ist sie auch mehr als eine Entschädigung, denn sie macht – alles wird gut – die Dinge einfach wieder gut, die Wiedergutmachung. Ein Wort, das alles sagt. Ein Wort wie ein Akkord, ein leistungsstarker Gesamtklang, wie ihn nur die deutsche Sprache hervorbringen kann: Wiedergutmachung.

Was bei Tchibos bester Bohne die Mischung, ist bei der Entschädigung die Machung. Die Machung macht's! Vor allem in Deutschland. Ein Beispiel: die Entschädigung der Zwangsarbeiter. Am Ende musste die Wiedergutmachung sein, denn am Anfang war die Mobilmachung. Ohne Mobilmachung keine Wiedergutmachung und umgekehrt. Auch hier geht es ums Machen, wie man sieht. Wer macht die Arbeit, lautete damals die kriegswichtige Frage, wenn der Arbeiter zum Soldaten gemacht wird und Krieg machen muss? Der Zwangsarbeiter musste die Arbeit machen. Ohne verschleppte Zwangsarbeiter in der deutschen Heimat keine deutschen Soldaten in der Heimat der verschleppten Zwangsarbeiter – und umgekehrt. Ohne Zwangsarbeit kein Kanonenfutter – und umgekehrt. Und nach der Mobilmachung: Auf zur Wiedergutmachung!

Aber warum folgte die Wiedergutmachung an den Zwangsarbeitern erst über sechzig Jahre nach der Mobilmachung und so viele Jahre nach Kriegsende? Hier kam eine andere bewährte Regel zur Anwendung: So schnell wie möglich und so besonnen – um das Wort langsam zu vermeiden – wie nötig. Und umgekehrt.

Die katholische Kirche hat 800 Jahre gebraucht, um die Schuld an den Massakern der Kreuzritter zu übernehmen. Was sind da schon sechzig Jahre?! Außerdem musste vor der Frage der Entschädigung erst mal die Frage geklärt werden: Wer ist schuld? Eine schwierige Frage, denn die Schuldigen gab es ja nicht mehr.

Schuld schafft Schulden, die man eigentlich schnell hätte begleichen können. Aber im Rechtsstaat braucht es den rechten Rechtsweg. Zwangsarbeiter, die nach dem Krieg auf Zahlung ausstehenden Lohns klagten, wurden vom Arbeitsamt abgewiesen: Für Sklaven sind wir nicht zuständig, die sind Eigentum, also Sachen. Da geht es nicht um Lohnausgleich, sondern um Entschädigung. Vom Rechtsweg direkt auf den Holzweg!

Bleibt noch der Zahlungsweg. Bei den materiellen Schulden gilt im Rechtsstaat das Konkursrecht, das den Bankrott regelt. Die Schulden werden gelöscht, ohne dass die Guthaben untergehen, und am Ende bleibt nur das schlechte Gewissen übrig, also die moralische Schuld, für die man sich aber nichts kaufen kann. Das ist dann der moralische Bankrott, der kostet nichts. Doch vor allem gibt's im Rechtsstaat das Aktienrecht, das die Unternehmer verpflichtet, Gewinn zu machen. Entschädigung ist recht und billig, Bomben sind unrecht und teuer. Bomben steigern die Gewinne, Entschädigung mindert sie. Das Aktienrecht ist nicht unbedingt für Bomben, aber eindeutig gegen Verluste. Aber wenn nicht entschädigt wird, boykottieren die Amis deutsche Erzeugnisse. Also kann man die Wiedergutmachung als Aufwendung zur Abwendung einer Rufschädigung und als Imagewerbung von der Steuer absetzen.

Die Frage nach dem Zahlungsweg ist noch immer offen: Wer kriegt überhaupt was? Bei der Entschädigung wird einfach gezahlt, die Wiedergutmachung veredelt das Verfahren mit der »So-nötig-wie-möglich-Methode«. Es bekommen so viele wie nötig so wenig wie möglich.

Und vor allem: Missbrauch verhindern! Lebte der Unrechtsstaat vom Missbrauch, ist es die Pflicht des Rechtsstaats, ihn zu verhindern. Entschädigung ist erst Wiedergutmachung, wenn nur der ein Recht auf Entschädigung hat, dem sie auch tatsächlich zusteht. Also muss jeder seinen Anspruch beweisen. Kann jemand das nicht, behält er zwar auf jeden Fall sein Recht auf Entschädigung, kriegt sie aber nicht. Das ist ein gründliches Verfahren und nennt sich demzufolge Grundrecht. Grundrechte funktionieren nach der bekannten »Ohne-dass-Regel«. Demzufolge hat ein jeder Zwangsarbeiter ein Grundrecht auf Entschädigung, ohne dass sie gezahlt werden muss. Die »Ohne-dass-Regel« gilt allerdings auch für die Unternehmen: Wie können wir die Zwangsarbeiter entschädigen, ohne dass wir zahlen müssen?

Man hat sich dann auf einen gemeinsamen Sammeltopf geeinigt, in den die Unternehmen einzahlten, damit die ehemaligen Zwangsarbeiter endlich an die Auszahlung gelangen konnten. Aber dieser Topf hatte es in sich: Es dauerte, bis er sich füllte, weil kein Unternehmen dem anderen über den Weg traute und sich mit der eigenen Einzahlung zurückhielt, bis die anderen eingezahlt hatten. Nach dem Motto: Wir werden in den Topf einzahlen, wenn er bereits voll ist. Und dann natürlich den Betrag von der Steuer absetzen, um die Last der Schuld auf alle Bürger zu verteilen, denn man sprach ja nach dem Krieg von der Kollektivschuld der Deutschen.

Historische Schuld gegen Steuerabschreibung. Das eine betrifft die Vergangenheit, das andere die Zukunft, und ohne Zahlungsmoral ginge die auch noch den Bach runter! Wenn dann die Wiedergutmachung nicht klappt, sagt sich die deutsche Wirtschaft, ist das zwar schade, aber wenigstens ist unser Geld noch da. Haben wir das nicht wieder gut gemacht?

Opel retten

Kehren wir zurück zur wirtschaftlichen Gegenwart – mitten in das aktuelle Spannungsgebiet von gut gemeint und und gut gemacht. Konkretes Beispiel: Opel. Soll Opel gerettet werden? Soll nicht, aber muss. Okay, muss Opel gerettet werden? Muss nicht, aber kann. Gut, kann Opel gerettet werden? Kann, wenn man will. Und will man Opel retten?

Man will schon, da man können muss, weil man soll. Also, wo ist das Problem?

Es hieß ja nicht umsonst: Jeder Popel fährt Opel. Ein Opel ist demnach kein Auto für Besserverdiener, die in Dubai Feste feiern und das Geld dazu hätten, sich mit einem Opel Astra aber nicht sehen lassen können, weil sonst jeder meint, sie hätten das Geld nicht mehr. Manager, Bosse und Banker, die mit einem solchen Mittel- bis Unterklasseauto ertappt werden, stoßen den Kurs ihres Unternehmens schlagartig derart in den Keller, dass die Heuschrecken nur zuzuschlagen brauchen.

Opels sind also Vehikel für die Mittel- und Geringverdiener, Menschen, die Angst um ihre eigene Zukunft haben und denen das Schicksal von Blech auf Rädern folglich am Arsch vorbeigeht. Und wenn sie Staatsknete in Form von Arbeitslosengeld II bekommen, dann nur unter der Bedingung, dass sie vorher ihr Auto versilbert haben. Ein Opel, sagt man ihnen, gehöre für sie nicht mehr zum Bedarf des täglichen Lebens, da reiche ein Leiterwagen. Wer also soll, wenn der Popel nicht kann oder darf, Opels kaufen?

Man hat versucht, unkonventionelle Wege ins Auge zu fassen. Es heißt ja immer, Autos kaufen keine Autos, aber was ist mit Patenschaften? Statt immer nur Kinder in Afrika zu unterstützen, die in Flüchtlingscamps vegetieren, nichts zu essen haben und fast verhungern, sollte man auch mal an Autos denken, die auf Halde rumstehen, nichts zu schlucken haben und fast verdursten, und einen mit dem schwachen Saft schlecht geladener Akkus aus traurigen Scheinwerfern anblinzeln und anbetteln: Kauf mich, nimm mich, fahr mich hier weg! Dabei könnten auch wieder die Besserverdiener mitmachen, ohne sich einen Zacken aus der Krone zu brechen. Die mit Patenschaften ausgestatteten Autos müssten ja gar nicht in den fließenden Verkehr gebracht werden, um für zusätzlichen Stau zu sorgen und anderen die Parkplätze wegzunehmen. Nein, sie könnten weiter auf Halde rumlungern, und die Penner und

Popel könnten im Sommer beim Opel ihre Katzen auf dem heißen Blechdach braten.

Eine andere Option war das Übernahmeangebot, das der Inhaber der Firma Solarworld abgegeben hatte. Für einen Euro wollte er den gesamten Laden übernehmen, wenn der Staat dreiKommafünf dazu täte, also dreiKommafünf Milliarden. Damit wäre er, der Staat, noch vergleichsweise billig davongekommen. Aber was hätte Solarworld, das war die bange Frage, mit Opel angefangen? Die wandeln Licht in Strom um und bauen Windmühlen, wissen also, wie man kalte Winde und heiße Luft schreddert, aber Autos!?

Man wollte, lautete der Vorschlag, aus Opels Öko-Autos machen. Vorbild war der Trabi, die Rennpappe. Ein Umweltauto aus Altpapier, mit einer Karosserie nicht nur aus nachwachsenden, sondern bereits mehrfach nachgewachsenen Rohstoffen. Bei nassem Wetter zwar etwas schimmelig, aber gut für die Champignonzucht: Der Fahrtwind vertreibt den Geruch, und der Pilz kann weiterwachsen. Als Treibstoff dienen Wind und Sonne, und wenn es beides gerade nicht gibt, einfach schieben, denn Pappe ist nicht schwer. Auch bei Rissen im Motorblock nicht verzagen, weg mit dem Teil und selbst die Beine in die Hand nehmen und sich mit eigener Energie im Kreisverkehr bewegen, was zugleich dem Kreislauf zugutekommt.

Und bei totalem Energieausfall, wenn Putin bei Gazprom wieder mal den Hahn abdreht, weil die Ukraine eh alles abzapft, wäre man mit der Rennpappe auf der sicheren Seite – ab in Ofen und rein in den Kamin damit, und die Rennpappe konvertiert umgehend zur Brennpappe. Aber im Normalfall: Nicht abwracken, wenn das Zerfallsdatum erreicht ist, sondern schnurstracks auf den Kompost.

Überhaupt wäre der User nicht mehr auf fossile Brennstoffe angewiesen. So könnte er sich, wenn dann gar nichts mehr läuft, den Sprit direkt in den leiblichen Tank schütten, wie es damals der Frankfurter Pflaster-Philosoph Matthias Beltz empfohlen hat. Rum wurde da vorgeschlagen, Havana Club, der hat nicht nur einen, sondern sieben Sterne.

Vorbilder fehlen

Vielleicht liegt ein Teil der Misere auch darin, dass die richtigen Vorbilder fehlen, die es früher doch in Hülle und Fülle gab. Bismarck, Blüm, Beckenbauer, und wie die Lichtgestalten sonst noch hießen. Früher konnte man sich bei schwierigen Entscheidungen fragen: Was hätte Konrad Adenauer dazu gesagt – oder die Schwiegermutter? Wenn man ein Problem hatte, half die einfache Frage weiter: Mit welchem Fuß hätte jetzt Uwe Seeler an meiner Stelle zugetreten, oder Jürgen Klinsmann, als der noch bei Bayern München kickte?

Heute fragt man sich als Erstes: Was sagt meine Bank dazu? Und die fragt sich: Was sagt die Börse dazu? Und die wiederum fragt sich: Was sagt der Markt dazu? Das ist vielleicht die wichtigste Frage, was der Markt dazu sagt, aber der sagt manchmal gar nichts mehr, wenn er gerade mal wieder zusammengebrochen ist.

Der Markt ist also ziemlich unzuverlässig geworden, und auch die ganzen anderen können nicht mehr zur Orientierung dienen. Das waren alles Schönwettervorbilder, die heute, wo uns der kalte Wind der Globalisierung um die Ohren pfeift, nicht mehr ausreichen, bei weitem nicht. Im Gegenteil, heute braucht es Vorbilder, die helfen, das tiefste Jammertal von Globalisierung und Billiglohn zu durchschreiten, und dabei glaubwürdig wirken, weil man ihnen nicht nur ansieht, sondern auch abnimmt, dass sie solche Herausforderungen selbst durchlebt und aus eigener Kraft durchlitten haben. Wer aber dient seit jeher als derjenige, der am meisten aushält und allen Qualen trotzt? Ohne Zweifel der Märtyrer, den wir noch aus *Quo Vadis?* kennen, als damals Nero in Gestalt von Peter Ustinov auf der Breitwandleinwand den Urchristen zurief: »Kommt raus aus euren muffigen Katakomben, da bekommt ihr höchstens Fußpilz! Im Kolosseum aber scheint die Sonne, und heute Nachmittag gibt's wieder Brot und Spiele. Ihr seid fest in den Programmablauf eingeplant, und zwar auf meinen persönlichen Wunsch, also müsst ihr mitmachen, sonst gibt's nur Brot, und das ist langweilig.«

So lockte er sie damals aus den Kellern, Katakomben und Kloaken und schickte sie zur Fütterung der Löwen und Tiger in die Arena, was sicherlich schmerzhaft war. Doch die Römer schauten massenhaft zu. Es gab zwar noch kein Fernsehen, aber bereits die unterste Schublade an Unterschichten-Programm mit einer wahnsinnigen Einschaltquote. Heute kann man sich das kaum plastisch vorstellen – vielleicht ein bisschen so, wie beim Zappen in eine Sendung à la *alfredissimo!* oder eine andere der massenhaften Kochshows und Küchenschlachten zu geraten, die sind ja auch äußerst schmerzhaft.

Jedenfalls waren die Löwen und Tiger damals irgendwann satt, und ein paar Urchristen waren übriggeblieben, um uns nun die Botschaft des Märtyrers zu überliefern, die da lautet: »Man kann alles ertragen und durchhalten. Man muss nur dran glauben!«

Damit der Märtyrer als Vorbild bei uns auch weiterhin und wieder zur Verfügung steht, hat der neue deutsche Papst erst neulich bei seinem Deutschlandbesuch einen Deutschen seliggesprochen. Das ereignete sich auf dem Weltjugendtag in Köln.

By the way, dass der neue Papst ein Deutscher wurde, oder umgekehrt, dass wir Deutsche alle Papst wurden, wissen Sie eigentlich, wie es dazu kam? Es hing mit der Vorbereitung auf diesen Weltkirchentag zusammen, der als riesige Wallfahrt nach Köln geplant war. Eine Million Jugendliche zu Gebet und Buße in die Stadt am Rhein zu locken – kein leichter Job!

Aber gerade in Köln hat man seit Jahrhunderten einschlägige Erfahrungen mit Wallfahrten. Schließlich war Köln im Mittelalter die Haupt-Wallfahrtsstadt Europas, weil man einfach den Dreh raus hatte: Man bot die entscheidenden Attraktionen. So wurde etwa die damalige Mafia beauftragt, die Reliquien der Heiligen Drei Könige in Mailand zu klauen und als Hehlerware über die Alpen bis nach Köln zu schaffen. Tatsächlich kam auch alles heil und trocken an, aber beim Auspacken war des Schreckens nicht wenig. »Mein Gott, wat sind die hässlich!«, empörte sich der Kölner Kirchen-Klüngel. Daraufhin wurde das Gebein schnellstens wieder eingepackt, mit Blattgold umwickelt und jeder Menge Strass beklebt, so dass die Gläubigen, die aus allen Ecken des Kontinents auf blutigen Knien ins Rheinland gerobbt kamen, voller Begeisterung ausriefen: »Wow! Wenn schon die Verpackung dermaßen glitzert, wie glänzend muss dann erst der Inhalt sein!«

Nun sagte man sich bei der Vorbereitung des Jugendkirchentags in Köln richtigerweise, dass die Jugend der Welt zu verwöhnt sei, als dass man sie mit ein paar Knöchelchen von Heiligen, die seit Hunderten von Jahren tot sind, vom Hocker reißen und zu Luft, zu Wasser und zu Land in die Stadt locken könne. Aber man wusste sich zu helfen. »Wir müssen«, sagte man sich, »die Knöchelchen zeigen, solange sie noch selbst gehen können.« Darauf ließ der damalige Papst verlauten: »Ich komme!«

Der Papst als Faxgerät Gottes

Das war aber noch Johannes Paul II., der mir übrigens sehr viel darüber vermittelt hat, was es eigentlich bedeutet, Papst zu sein. Erinnern Sie sich noch an ihn? Erinnern Sie sich noch, wie er, Wojtyła als er noch fit und gesund war, immer an Ostern aus dem kleinen Fenster des Vatikans den Segen »Urbi et Orbi« an eine Million Gläubige auf dem Petersplatz austeilte? In verschiedensten Sprachen verlas und verlautbarte er da einen kurzen Satz, der, obwohl er in sechshundert verschiedenen Sprachen verlautbart wurde, stets gleich melodiös und psalmodierend gequetscht klang, immer dasselbe eben, also eigentlich reichlich monoton. Dahinter stand die Absicht, Frieden unter den versammelten Gläubigen walten zu lassen sowie Neid und Missgunst zu verbannen, weil diejenigen, in deren Sprache der kleine Segenssatz schon verklungen war, gewiss sein konnten, dass die anderen betend Wartenden vom Heiligen Vater auch nichts anderes, am Ende Besseres zu hören und erteilt bekommen würden als sie selbst.

Und der Papst klang dabei, der damalige wie der jetzige, immer etwas wie ein Faxgerät in Aktion. Was kein Zufall ist, sondern tieferen Sinn besitzt – denn der Papst ist in der Tat das Faxgerät Gottes. Oder etwa nicht? Schließlich gilt immer noch das Dogma der päpstlichen Unfehlbarkeit. Was ein Papst sagt, ist, wenn es ex cathedra gesprochen wird, zu hundert Prozent richtig. Es kommt schließlich nicht von ihm, sonst könnten Sie oder ich es ja auch sagen. Es kommt von Gott! Der Papst hat einen direkten Draht nach oben, aber drahtlos, praktisch W-LAN. Darüber gestaltet sich die Ausschüttung des Heiligen Geistes. Uns fällt diese Ausschüttung auch zu, allerdings nur an zwei Tagen im Jahr, nämlich zu Pfingsten, mehr gibt's da nicht, weswegen es ja auch heißt: Zu Pfingsten sind die Geschenke am geringsten. Aber über den Papst wird der Geist Gottes rund um die Uhr und an allen Tagen des Jahres ohne Unterlass ausgeschüttet.

Nur manchmal kann es passieren, dass selbst der gläubigste Papst in Schwulitäten kommt, wenn er mit der Predigt schon begonnen hat, der Alte oben aber gerade erst aufwacht und die aktuelle Botschaft zu spät hinterher schickt, weswegen der Papst dann etwas quengelig wird, wenn er die Botschaft anschaut, die ihm da gefaxt wurde, und sich fragt, was der Alte damit wieder gemeint haben könnte. Das ist wahrscheinlich auch der Grund dafür, dass der neue Papst meistens nur noch Latein spricht, denn wenn er sich auf Deutsch ausdrückt, kann es mitunter heikel werden, wie neulich in Regensburg, als Ratzinger zum Besten gab, Mohammed wäre manchmal ein relativer Armleuchter gewesen. Das kam gar nicht gut an. Im Gegenteil! Ratzinger musste einen schweren Bußgang auf sich nehmen. Nicht zu Fuß wie damals nach Canossa, sondern mit dem Flieger nach Istanbul. Der Papst schnallte sich vorher noch schnell eine kugelsichere Weste um, was nicht unbedingt für uneingeschränktes Gottvertrauen spricht, aber, muss sich der Heilige Vater gesagt haben, dort regiert ja auch nicht unser Allmächtiger, sondern Allah.

Rottweiler Gottes

Zurück zur Frage, wie überhaupt ein Deutscher Papst werden konnte. Johannes Paul II. hat es damals dann doch nicht mehr nach Köln zum Weltjugendtag geschafft, weil er leider zuvor das Zeitliche segnete. Da war einiges Hängen im Schacht bei den kirchlichen Organisatoren. Woher Ersatz nehmen? Der Kölner Kardinal Meisner wusste Rat und ließ im Konklave in Rom im Wahlkollegium durchsickern, er würde nur den zum Nachfolger Wojtyłas wählen, der ihm in die Hand verspräche, und zwar hoch und heilig, dass er auch gleich nach Köln kommen würde. Damit ist es mir sehr ernst, vermittelte Meisner, und wenn ich mich selbst wählen müsste. Meisner als Papst?! Da durchfuhr seine Kardinalsbrüder ein heiliger Schrecken, und sie sagten sich, wenn schon ein Deutscher als neuer Papst, dann doch lieber Ratzinger.

Doch kaum war Ratzinger Papst, kam Neid in der Welt auf. Die englische Sensationspresse beispielsweise fiel unflätig über ihn her. Ratzinger sei der »Rottweiler Gottes«. Ungeheuerlich! Wer war denn bis dato der Rottweiler gewesen in der englischen Penny-Presse? Doch immer noch Camilla Parker Bowles, die dann endlich ihren eingeschlafenen Prinzen heiraten durfte, so dass sie auch mal öffentlich mit ihm zum Segelohrenfliegen gehen konnte. Nun war der Begriff »Rottweiler« frei, den die englische Sensationspresse anscheinend braucht, um die Auflage hochzuhalten, und man fragte sich, wem man diese Beschimpfung stattdessen ans Hemd kleben könnte. Ja, da kam Ratzinger als deutscher Papst gerade recht, um ihm dieses Un-Wort an die weiße Soutane zu flitschen.

Eine ebenso schwere wie dumme Entgleisung, und inhaltlich wirklich völlig daneben, denn Ratzinger war nie ein Rottweiler Gottes. Er hatte vielmehr unter Papst Wojtyła als Präsident der Glaubenskongregation fungiert, der Nachfolgerin der Heiligen Inquisition. Bei seiner Glaubenstreue hätte Ratzinger vor ein paar hundert Jahren möglicherweise ein paar Feuerchen in Auftrag gegeben, und Meisner mit seiner Glaubensstrenge hätte vielleicht gerne persönlich reingepustet. Aber so was findet ja heute nicht mehr statt. Und

Ratzinger war höchstens noch der Wauzi Wojtyłas, der als Waldi des Herrn die Herde der Gläubigen umkreiste, um die schwarzen Schafe wegzubeißen. Doch wenn manche meinen, es sei ein Ausdruck seniler Seligkeit, wenn er manchmal so lieb lächelt, liegen sie falsch. Völlig falsch! Ratzinger legt nur die Zähne frei, um gleich wieder feste zubeißen zu können. Im Übrigen heißt er ja nicht mehr Ratzinger, sondern Benedikt XVI.

Benedikt – was das heißt? »Der Gesegnete« heißt es, allerdings im übertragenen, also metaphorischen Sinne. Eigentlich wurden in diesem Namen zwei lateinische Wörter zusammengeschraubt – »bene« und »dictus«, also »gut« und »gesagt«, was in wörtlicher Übersetzung »der Gutgesagte« heißt, woraus aber nicht direkt »der Gesegnete« entsteht, sondern erst mal eine Zwischenstufe. Zuerst kommt »der Gutgesagte«, dann »der Schöngeschwätzte«, und danach erst »der Gesegnete«. Nur kann man Ratzinger dafür nicht verantwortlich machen, denn er ist als Benediktus ja schon der sechzehnte.

Sankt Rolf – Schutzpatron der Sozialhilfeempfänger

Zurück zum Weltjugendkirchentag und dem Märtyrer als zeitgemäßem Vorbild! Bei dem würdigen Ereignis in Köln sprach Benedikt XVI. für uns alle einen Deutschen selig und heilig: Sankt Rolf. Sie werden ihn kennen, denn er war früher unter dem Namen »Florida-Rolf« bekannt. Sankt Rolf, unser Schutzpatron der ALG II- und Sozialhilfe-Empfänger. Denn auch Florida-Rolf hatte ein hartes Schicksal als Märtyrer. Nicht, dass er als Urchrist vernascht wurde. Nein, er hatte öffentlich eingestanden, dass er eine Deutschland-Allergie habe. Das heißt: Wenn er sehenden Auges und offenen Ohres in Deutschland leben und durch die Straßen gehen müsse, würde er Ausschlag,

Pickel, ja die Krätze bekommen, was ihm drei Amtsärzte gegen ihren Willen bestätigen mussten.

Wer von uns würde es sich schon trauen, so ein Leiden freiwillig an die Öffentlichkeit zu tragen? Die vielen, denen es ähnlich geht, schwitzen ihre Krankheit besinnungslos aus – früher bei Karl Moik im *Mutantenstadl,* heute indem sie im Veitstanz zu den Zillertaler Schürzenjägern auf die Almen hopsen, bis die kompletten Alpen matschig werden, die Jungfrau ins Rutschen kommt und der Mönch hinterher sackt.

Nun muss man dazu wissen, dass das Schicksal Florida-Rolf wirklich hart getroffen hatte – er musste in Hannover wohnen, das als Stuttgart des Nordens gilt, nur ohne Hügel.

Kaufen

Widmen wir uns mit diesem Schutzpatron im Rücken wieder den moralischen Bürgerpflichten: Die Konjunktur flaut ab? Der Binnenmarkt bricht zusammen? Die Exportaufträge auch? Was aber tun? Gas geben, Leute, einfach Gas geben! Aber dalli! Gebt dieser verpennten Konjunktur einen Tritt in den Hintern, damit es endlich wieder voran und aufwärts geht! Da müssen alle mitmachen, aber auch wirklich alle! Vor allem die Nachfrage muss angereizt und angeheizt werden. In Japan hat man zu diesem Zweck bereits einen arbeitsfreien Tag eingeführt, damit die Menschen Zeit zum Shoppen haben. Das wird aber auch kontrolliert: Wer nicht mit einer anständigen Portion Einkaufstüten heimkommt, dem wird ordentlich heimgeleuchtet, der bekommt den Tag nicht nur wieder gestrichen, sondern obendrein Gehaltskürzung!

Halten wir fest: Man unterscheidet zwischen Konjunktur-Rittern und Konjunktur-Knechten. Letztere sind dafür verantwortlich, dass die Karre wieder aus dem Dreck gezogen wird, und zwar von ihnen selbst, nachdem die Konjunktur-Ritter sie eben dort versenkt haben. An erster Stelle ist demzufolge der gemeine Verbraucher gefragt, der muss ran, also raus aus Haus und Wohnung und rein ins Geschäft – egal ob Kaufhaus, Supermarkt, Ramsch- oder Saftladen, Hauptsache kaufen, kaufen, kaufen! Sonst hängen wir in der Konjunktur-Klemme fest. War vor kurzer Zeit, als es um die Banken ging, noch Ruhe allererste Bürgerpflicht, so ist es jetzt der Konsum, und davor soll und darf sich keiner drücken. Konsum ist jetzt Bürgerpflicht. Hier geht es um eine nationale Mobilmachung, da bekommen alle, von Emma Jedermann bis zu Otto Normalverbraucher, den Gestellungsbefehl. Und wenn man kein Geld hat? Faule Ausreden! Damit kommt keiner durch! Wer kein Geld hat, dem wird welches gepumpt, wenn's nicht anders geht mit der Luftpumpe.

Ran an den Speck, was soll der Geiz! Das muss jetzt zack zack gehen, für lange Debatten ist keine Zeit mehr. Autos kaufen nun mal keine Autos, und Waschmaschinen keine Radios – also, Leute! Rein in den Laden und die Knete weitergeben, man muss auch loslassen können! Als Konsumenten seid ihr sowieso nur ein Zwischenwirt für den Zaster. Die Konsumrallye ist gestartet. Wer am meisten eintütet, auch wenn er sich dabei bis zur Halskrause verschuldet, erhält das Eiserne Konsum-Kreuz. Und wenn ihr euch dann wieder richtig in die Miesen geritten habt, entsteht daraus, das ist so sicher wie das Amen in der Kirche, die nächste Krise. Mein Gott, was denn sonst, war das jemals anders? Aber bis zur nächsten Krise dauert es ja noch, eins nach dem anderen, jetzt müssen wir erstmal die akute Krise in den Griff kriegen, und dafür ist uns jedes Mittel recht! Also kaufen, Leute, kaufen!

Kaufen , obwohl alles immer teurer wird? Ja! Schließlich haben die Preise alle ihren guten Grund. Das Gas zum Beispiel: Das wird teurer, weil es teurer werden musss, weil auch das Benzin teurer wird. Wo da der Zusammenhang ist? Was für eine Frage! Haben Sie keinen Führerschein? Der Zusammenhang ist zum Greifen nah, man lernt ihn in der ersten Fahrstunde, man hat ihn quasi direkt unter der Fußsohle. Denn wenn man Gas gibt, was macht dann das Auto? Es fährt schneller. Und was macht dann das Benzin? Es wird schneller verheizt, der Benzinverbrauch steigt, und deshalb wird es teurer.

So ist es auch beim Erdgas, das teurer wird, wenn der Ölpreis steigt, was nicht weiter verwunderlich ist, denn wenn der Ölpreis steigt, wird alles teurer, weil es ja kaum Produkte gibt, die nicht mindestens zum Teil aus Öl hergestellt werden, bis auf – und das ist die Ausnahme – das Gas, dem hier aber keine Extrawurst gebraten werden soll. Wenn jetzt aber der Ölpreis sinkt, warum sinkt dann nicht auch der Gaspreis? Wie, das ist Ihnen nicht klar? Haben Sie jetzt einen Führerschein oder nicht? Wenn Sie beim Autofahren vom Gas gehen, wird das Benzin an der Tankstelle doch auch nicht billiger, ich bitte Sie! Im Gegenteil, je weniger Benzin Sie verbrauchen, desto weniger Umsatz machen die Konzerne, so dass sie den Literpreis erhöhen müssen. Also, je mehr Sie sparen, desto teurer wird es, und wenn Sie mehr verbrauchen, wird es noch lange nicht billiger – im Gegenteil.

Mit der Bezahlung der Frauen ist es dasselbe. Frauen verdienen im Durchschnitt 22 Prozent weniger als Männer, werden dadurch aber gesellschaftlich gesehen doch nicht billiger – ganz im Gegenteil, denn durch den geringeren Lohn können sie weniger einkaufen, weswegen an ihnen weniger verdient wird, so dass schließlich die Preise erhöht, die Löhne und Gehälter aber gesenkt werden müssen. Würden die Frauen hingegen mehr verdienen, müssten die zielgruppenrelevanten Produkte preislich angepasst, also noch teurer werden, um diese zusätzliche Kaufkraft abzuschöpfen, wodurch man wiederum weniger verkaufen würde, so dass die Lohnkosten für Frauen zum Ausgleich wieder gesenkt werden müssten. Das nennt man reziproke Ölpreisbindung.

Ob man gegen die steigenden Gaspreise und die sinkenden Frauenlöhne was machen kann? Ja sicher! Streiken zum Beispiel, wie die Milchbauern, die zu wenig Geld für ihre Milch bekommen, weil die Preise zu niedrig sind. Damals wurde der Streik erfolgreich beendet, aber mit welchem Ergebnis? Dass die Milch, die durch den Streik erst recht im Überfluss vorhanden ist, im Laden noch billiger wird, so dass die Bauern, die so erfolgreich gestreikt haben, erst mal gar nichts mehr für ihre Milch bekommen, weil die Molkereien eh zu viel Milch haben. Und zugleich werden die Stallkosten wegen des steigenden Gaspreises immer höher. Ich sehe da eigentlich nur eine Lösung für die Bauern: Man muss den Milchpreis an den Ölpreis koppeln.

Köln und Klüngel

AUF DEM AMT
– Ist das Ihr Kostüm?
– Nein, mein Schlafanzug.
– Ich denke, Sie sind im Dienst?
– Eben.

AUF DEM MARKT
– Eine Frage, ist diese Tomate aus Belgien
oder aus Holland?
– Ja, wat wollen Sie überhaupt,
wollen Sie mit der Tomate telefonieren
oder wollen Sie se essen?

Gobal denken – im Lokal handeln

Nehmen wir Köln als Beispiel für gekonntes und gelungenes Handeln gerade auch in kritischen Zeiten. Ich möchte Sie hier nicht lange mit Köln aufhalten oder gar langweilen. Ich selbst bin ja auch kein Kölner, sondern nur hier wohnhaft, im wahrsten Sinne des Wortes, allerdings schon seit über 35 Jahren. Köln hat einen guten Ruf, und zwar den, dass es keinen mehr zu verlieren hat. Höchstens den als einstürzendste Stadt Europas, was sich beim nächsten Erdbeben in Italien aber schnell wieder ändern kann. Zwischen einem erdbebenbedingten Einsturz und einem Kölner Einsturz gibt es nur einen gravierenden Unterschied: Das Erdbeben ist auf den Zusammenstoß zweier Erdplatten zurückzuführen, folglich eine Naturkatastrophe, die Kölner Zusammenstürze dagegen sind das hausgemachte Ergebnis des Zusammenstoßes von Ignoranz und Impotenz verquirlt mit Klüngel.

Köln ist, das soll noch kurz ergänzt werden, die einzige Stadt auf dem ganzen Erdball, in der man trinkt, was man spricht, und spricht, was man trinkt: Kölsch, was für Kölner Politiker, deswegen erwähne ich es auch, große Vorteile hat, weil sie sich im Wahlkampf ständig an dem verschlucken, was sie gerade versprechen, und hinterher von ihren Wahlversprechen dermaßen besoffen sind, dass sie sich gar nicht mehr erinnern können brauchen – »Was habe ich eigentlich versprochen?« Aus diesem Grund spricht man in Köln auch nicht von Kommunalpolitikern, sondern von Lokalpolitikern.

Köln besitzt nicht so sehr Kultur, als vielmehr Brauchtum, was einem in Krisenzeiten sehr zugutekommt, weil man es, wie der Name schon sagt, brauchen kann. Köln ist damit ein Modell für komplizierte Lebenslagen. Als ich neulich in München aus Versehen erwähnte, dass ich aus Köln komme, wurden die Menschen dort gelb vor Neid und erschreckend aggressiv. »Was, Sie kommen aus Köln!? Wofür man in München ins Gefängnis kommt, kommt man in Köln ja noch nicht mal in die Zeitung!« Was stimmen und daran liegen mag, dass Köln etwas hat, was München zum Beispiel nicht hat. Köln hat keine Korruption.

Korruption und Klüngel

Dafür hat Köln den Klüngel, und verfügt damit, lassen Sie es mich so ausdrücken, über die höchste Form des freiwilligen Selbstbetrugs. Die Kölner freuen sich, wenn sie offenen Auges bei helllichtem Tage nach Strich und Faden über den Tisch gezogen werden. Insofern sind sie ein echtes Vorbild für viele Deutsche, die sich noch über so was aufregen.

Und wie funktioniert der kölsche Klüngel? Da sind ungeheuer viele Regeln und Rezepte im Umlauf, die aber in der Hauptstadt des Reibekuchens alle einem Grundmuster folgen: »Backe, backe Reibach!«

Im Klüngel verwischt sich die Spur der Scheine. Das liegt an dessen chemischer Zusammensetzung: Beim Klüngel handelt es sich um einen Zweikomponentenkleber aus Ehrenamt und Korruption. Ehrenamt und Korruption verhalten sich zueinander gleich, aber gegenläufig, sind also reziprok identisch. Klingt kompliziert, ist es aber nicht.

Das Ehrenamt löst öffentliche Probleme, Kinderarmut zum Beispiel, mit privaten Mitteln. Man geht vormittags über die Schulhöfe, sammelt angebissene Butterbrote ein, und verteilt sie am späten Nachmittag als Hasenbrot hinter dem Hauptbahnhof. Und das nennt man dann Kölner Tafel. Der Korrupte macht es umgekehrt. Er blickt morgens auf sein Konto und sieht Zahlen – tiefrote Zahlen. Warum so rot? Weil sie sich dafür schämen, dass sie so tief im Keller sitzen und es nicht aus eigener Kraft nach oben schaffen. Was tun? Eine Ausschreibung ohne Ausschreibung hilft in solchen Fällen am besten. Wie man sieht, verfährt der Korrupte umgekehrt: Er löst private Probleme mit öffentlichen Mitteln.

Der Klüngel verbindet beides, die Effektivität der Korruption mit der weißen Weste des Ehrenamtes. Das Raffinement liegt in der Mischung. 100 Prozent Ehrenamt und null Prozent Korruption sind genauso Klüngel wie 99 Prozent Korruption und ein Prozent Ehrenamt. Das nutzt der Korrupte schamlos aus. Denn am Schluss und nach außen wirkt der Klüngel immer wie ein astreiner Klüngel, egal wie korrupt er sich im Inneren zusammensetzt, und in jedem Fall gilt die Schmuse-Regel »Man kennt sich, man hilft sich!«, hinter der sich selbst die größte Schweinerei verstecken kann. »Aber wenn selbst wir das so machen«, sagt sich der kleine Mann auf der Strasse, »dann müssen die anderen das doch auch machen dürfen.« Man muss, so die Kölner Formulierung der Absolution, »auch gönnen können!« Dank der chemischen Fusion von kriminellem Handeln und Ehrenamt kann sich der in hochkriminelle Machenschaften verstrickte Klüngler als opferbereiter Diener des Gemeinwohls präsentieren.

Selbstreinigungskräfte

Wer für das Allgemeinwohl klüngelt, soll nicht darben und am Ende die Lust am opfervollen Tun verlieren. Von daher ist es gut, dass der moderne Kölner Klüngel rechtlich abgesichert ist: Wenn keiner aus seinem Amt als Ratsmitglied Vorteile ziehen darf, muss umgekehrt gelten, dass kein Volksvertreter durch sein Amt Nachteile erleiden darf. Wenn ein Rechtsanwalt, der im Rat sitzt, sich nicht an Prozessen der Stadt bereichern darf, darf er gleichzeitig nicht davon ausgeschlossen werden, an solchen Prozessen zu verdienen. Also entschied der Rat vor gut dreißig Jahren, dass 25 Prozent der Prozesse, die die Stadt führt, an Rechtsanwälte vergeben werden sollen, die im Rat sitzen. Nach dem Grundsatz: Wenn wir uns schon um die Stadt verdient machen, wollen wir auch was daran verdienen – gleiches Recht für alle. Natürlich gilt das für alle Geschäfte, die der Rat zu vergeben hat, vom Brückenanstrich bis zum Kamelle-Kochen. Ein Viertel solcher Aufträge geht immer an Ratsmitglieder.

Auf diesem Weg wird ein großer Teil des Klüngels vom faulen Geruch der Vorteilsnahme gereinigt. Man spricht hier auch von den Selbstreinigungskräften des Klüngels.

Doch selbst dieser parlamentarisch abgesegnete Klüngel kann sich mitunter die Hände schmutzig machen. Dagegen hat sich der Kölner Klüngel ein weiteres Selbstreinigungsmittel zugelegt, das Pilatus-Prinzip: »Ich wasche meine Hände in Unschuld.« Praktischerweise steht das Waschbecken auf dem Rathausklo für diese Verrichtung zur Verfügung. Dem Besucher fällt sofort auf, dass dort im Vergleich zu einer normalen Anzahl von Toiletten und Urinalen eine übergroße Menge an Handwaschbecken angebracht ist – kein Zufall und auch kein Pfusch beim Innenausbau, sondern absolut durchdacht. Denn hier waschen sich Ratsmitglieder von Affären rein, mit Hilfe der eingeübten Standard-Ausrede: Bei der Abstimmung war ich zwar anwesend, aber nicht dabei, sondern gerade auf dem Klo, weswegen ich im Protokoll bei dem Tagesordnungspunkt, bei dem es um den Auftrag für meine Firma ging, zwar nicht als abwesend aufgeführt wurde, aber am Ergebnis völlig unbeteiligt war.

Wenn trotzdem alle Stricke reißen, müssen auch im Klüngel Opfer gebracht werden – wie seit uralten Zeiten. Je schlimmer die öffentlichen Schweinereien, desto grausamer wird geschlachtet, damit das Volk was zu gucken hat. Man verfährt nach der Devise: Haltet den Dieb! Das Los schlägt unberechenbar zu, trifft aber immer den Richtigen, der den Absturz garantiert verdient hat – umso eher, je mehr er am Klüngel verdient hat. Aber wenn er beim Klüngeln nichts verdient hat, war er einfach zu dumm, und hat den Absturz erst recht verdient. Für den klüngelnden Rest ist das eine Lehre, die lautet: Lass dich nie erwischen, und auf keinen Fall zur falschen Zeit.

Legal konstruieren

»Man kennt sich, man hilft sich« – diese bewährte Fassade aus sentimentalen Gefühlen, hinter der der echte Klüngel tobt, gilt nur für die Gläubigen und Vertrauensseligen, die da im Geiste arm sind. Denn erst das Himmelreich ist ihrer, doch auf Erden haben sie wenig zu kamellen, abgesehen von den Kamellen, die ihnen beim Rosenmontagszug um die Ohren gepfeffert werden. Der echte Klüngel aber verfährt nach der eisernen Regel: legal konstruieren! Nur gibt es auch beim legalst konstruiertesten Kölner Klüngel, auch beim besten bösesten Willen und der entwickeltsten kriminellen Energie einen kleinen Rest an Projekten, den man legal einfach nicht verwirklicht kriegt. Da fragt sich der Fachmann und ausgefuchste Klüngelbruder: Was machen wir mit den siebzig Prozent, die hier übrig bleiben?

Nun, da kommt es auf die Dimension an. Für kleine Aufträge geht man in ein besseres Lokal, bei größeren wird an einem anderen Rad gedreht, wobei sich das Modell »Wolfsburg« bewährt hat. Grundsätzlich gilt: Verschwiegenheit zählt. Am besten, es wird gleich alles im Edelpuff gedealt und eingetütet – das darf dann nicht einmal die Geliebte wissen.

Cross-Border-Leasing

Um an Geld zu kommen, hat der Kölner Stadtrat zu einem probaten Mittel gegriffen: dem sogenannten Cross-Border-Leasing. Ich habe schon immer gesagt, dass es damit nicht gut geht, und jetzt geht es auch tatsächlich den Bach runter. Dabei ist das dicke Ende ja noch gar nicht abzusehen. Nehmen wir als Beispiel die hiesigen Abwässer – alle cross-border-verleast. Bei Abwässern unterscheiden wir bekanntlich zwischen Hardware, also Klo, Kloake und Klärwerk, und Software, also dem, was die Bewohner dieser Stadt in eigener peristaltischer Leistung herstellen. Diese Abwässer wurden schon vor Jahren cross-border-verleast, das heißt, man hat sie an einen US-amerikanischen Steuerhinterziehungs-und-Staatsfinanz-Betrugs-Renten-Konzern in Chicago verkauft, mit Sitz in einer Briefkastenfirma auf den Bahamas und Gerichtsstand auf den Cayman-Inseln. An diesem Finanz- und Steuerbetrug hat die Stadt Köln einen Räuber Anteil von vier Prozent kassiert – allerdings unter einer Bedingung: Der Steuerbetrug musste versichert sein, und zwar Eins A! Und genau dafür hat Köln im Vertrag die Garantie übernommen.

Ein ganz peinliches Geschäft! Denn wenn Sie in Köln ein Bier bestellen und trinken, das irgendwie komisch schmeckt, weil es eben nach Kölsch schmeckt, aber Sie haben es bereits geschluckt und kriegen es daher nicht mehr ausgespuckt, dann stecken Sie ohne Widerspruchsmöglichkeit, also irreversibel, vom Kehlkopf abwärts in US-amerikanischer Zinsknechtschaft. Dä! Da kommen Sie nicht raus, das ist durch Verträge bis in die überübernächste Generation festgezurrt. Sie hängen drin, ob Sie wollen oder nicht.

Das war schon immer anrüchig. Aber jetzt ist der Versicherungskonzern AIG in den USA pleitegegangen, weshalb Köln eine neue Police abschließen muss, so steht's im Vertrag, und der ist für hundert Jahre bindend. Alternativ kann Köln selbst die Bürgschaft übernehmen und dafür zusätzliche Millionen aufbringen, ja ja! Die vier Prozent sind nix gegen das, was jetzt auf den Tisch des US-Partners gelegt werden muss! Und was heißt das? Das heißt, wenn Sie in Köln, nachdem Sie Ihr Kölsch getrunken haben, auf die Toilette gehen, um das Getränk dort dem Kreislauf der kotzborderverleasten

Kanalisation zu übergeben, müssen Sie nicht nur der Toilettenfrau ihren Obolus zahlen, sondern zudem einen offenen Wechsel unterschreiben, mit dem Sie sich zu Nachzahlungen in ungeahnter Höhe verpflichten, und das bis ins dritte und vierte Glied.

Gut, das kostet Geld, aber das zahlen ja Sie. Dadurch kann kein Schaden entstehen, und es gibt auch keine Schuldigen. Die Kölner Ratsherren und Ratsdamen, die diesen Verträgen damals zugestimmt haben, sind unschuldig, denn sie haben die Verträge nie gelesen, das hätten sie auch gar nicht gedurft. Und verstanden hätten sie die Verträge auch nicht, weil erstens alles auf Englisch und zweitens alles geheim war. Stattdessen gab man ihnen ein objektives Gutachten zu lesen, das Kenner der komplizierten Materie geschrieben hatten, nämlich die, die die Verträge aufgesetzt hatten, und da stand eindeutig drin: Der Vertrag ist jut! Und außerdem ist das Geschäft über eine Versicherung abgesichert … aber das hatten wir ja schon.

Gefühlte Ausschreibung

Ein weiteres Beispiel? Gerne. Typisch für den Kölner Klüngel sind Ausschreibungen im Baugewerbe. Denn auch bei Ausschreibungen, das sollte man wissen, gibt es echte und gefühlte.

Um eine echte Ausschreibung zu gewinnen, muss man Glück haben. Das ist wie Lotto. Nur, sagt sich der Investor zu Recht, auf Glück lässt sich kein Unternehmen aufbauen. Mit Glück allein kann ich keine Arbeitsplätze sichern. Aber ich ertrage doch Verantwortung für meine Mietarbeiter und ihre Familien! Da kann ich mir eine Ausschreibung, die tatsächlich so funktioniert, wie sie dem Volksglauben nach funktionieren sollte, schon aus moralischer Sicht nicht leisten. Das wäre unverantwortlich!

Also ist eine Ausschreibung gefragt, die sich anfühlt wie eine echte Ausschreibung und von einer solchen nicht zu unterscheiden ist, ohne dass sie tatsächlich zu einer echten Ausschreibung verkommt. Die naturidentische, die echt kölsche Ausschreibung also.

Das soll asozial sein? Aber ganz im Gegenteil, sagt der Investor, genau dadurch handle ich doch sozial, schließlich schaffe ich Arbeit. Je asozialer ich im Puff die Sau rauslasse, je engagierter ich meine Geschäftspartner dazu animiere, desto sicherer wird der Auftrag, und desto sozialer bin ich demzufolge. Da wird sich der Investor manchmal selbst unheimlich vor so viel Menschlichkeit. Aber, sagt er sich, ich mache das schließlich nicht für mich, sondern für andere. Ich lebe ja auch nicht für mich, ich lebe nur für andere, ich arbeite nicht für mich, ich schaffe Arbeitsplätze für andere, ich wohne nicht für mich, ich schaffe Wohnungen für andere, und ich kassiere auch nicht für mich, ich kassiere nur von anderen.

Weiche Kosten

Zurück zur Ausschreibung. Nehmen wir als Beispiel die Messehallen. Die Konkurrenz unter den Messestädten zwingt auch Köln dazu, neue Hallen zu bauen, was die Stadt aber nicht selbst tut, das wäre zu preiswert, sondern outsourct, also andere daran teilhaben lässt, denn hat nicht der Kardinal in seiner letzten Predigt das Wort der Schrift verkündet: »Du sollst dem Ochsen, der da drischt, nicht das Maul verbinden!«

Man einigt sich also mit einem Investor. Namen sind Schall und Rauch – sagen wir der Einfachheit halber, es handelt sich um den Fonds Oppenheim-Esch.

Für kleines Geld bekommt Oppenheim-Esch nun ein Stück Land mitsamt Knebelvertrag, der den Fonds dazu zwingt, auf dem Grundstück Messehallen nach Vorgaben der Stadt zu bauen und dreißig Jahre lang an die Stadt zu vermieten, zu einem stetigen Mietzins, der eine stetige Steigerungsrate besitzt. Wie gesagt, ein Knebelvertrag für die Stadt.

Dabei, das sollte man nicht unterschlagen, wird die Höhe der Miete keineswegs willkürlich angesetzt, sondern bemisst sich rechnerisch exakt und korrekt nach den Baukosten. Aber auch bei denen muss man zwischen echten und gefühlten Baukosten unterscheiden. Zwischen echt und gefühlt klafft hier schon mal eine Lücke von fast fünfzig Prozent, in diesem Fall über 120 Millionen Euro. Diese Lücke will nun mit den sogenannten gefühlten beziehungsweise gefüllten, also noch zu füllenden Kosten gefüllt werden, in Fachkreisen auch als weiche oder kalkulatorische Kosten bekannt. Wie Dichtungsschaum füllen diese Kosten zuverlässig jede Ritze und jeden Hohlraum.

Zum Beispiel veranschlagt der Investor für seine Aufwendungen als Makler sieben Millionen Euro – sieben Millionen für die Suche nach einem Mieter für diese Hallen, der vertraglich allerdings bereits feststeht. Ist ja auch sonnenklar: Wenn sich auf ein Immobilienangebot hundert Interessenten melden, ist der Verkauf so gut wie sicher, hat man aber nur einen Kandidaten, sieht das Risiko schon ganz anders aus. Eine einleuchtende Begründung also, die aber selbst den Kölner Oberbürgermeister stutzen lässt: »Sieben Millionen Euro, nur, um mich zu suchen? Ich bin doch schon da!«

»Ja sicher!«, antwortet da der Investor, »aber schließlich war Karneval. Da mussten wir Sie erst mal finden.«

»Gut und schön«, sagt der Oberbürgermeister, »kann ich verstehen. Aber trotzdem, ich bitte Sie, sieben Millionen, um mich zu finden? Ist das nicht etwas viel?«

»Da können Sie mal sehen«, meint der Investor, »was Sie uns als Oberbürgermeister wert sind!«

»Das verstehe ich«, freut sich jetzt der Oberbürgermeister ziemlich stolz, »gut, dass wir mal drüber gesprochen haben!«

Schadenfrei

Aber hier hat der Wirt die Rechnung ohne das Milchmädchen gemacht, denn nun kommt der Kölner Bürger ins Spiel, der keinesfalls bereit ist, sich diesen unverschämten Vorgang gefallen zu lassen, sich mit Recht aufregt und eine energische Form des Protests entwickelt, mit deren Ergebnis er letztendlich durchaus zufrieden sein kann.

Im Zeichen des gerechten Protests ist der Kölner auch bereit, auf die Barrikaden zu gehen. In Köln ist das der Tresen, und so braucht der Kölner auch gar nicht erst irgendein Pamphlet lesen, da er die Getränkekarte auswendig kann, haut also gleich auf den Stammtisch und bestellt beim Wirt empörungssteigernde Mittel: »Zapf mir mal zwei Kölsch!« Damit kommt der Kölner langsam in Fahrt. »Das kann man mit mir nicht machen, das lasse ich mir nicht bieten, das werde ich unterbinden, da gehe ich vor Gericht, wenn es sein muss, bis nach Karlsruhe!«

Doch davon rät ihm sein Stammtischnachbar entschieden ab – Karlsruhe? Kann dauern, teuer werden, keiner weiß, was dabei herauskommt. Also nimmt der empörte Kölner die Sache selbst in die Hand und ruft dem Wirt zu: »Tust du mir noch ein Kölsch für on the road?«

Auf zum Rathaus und den Oberbürgermeister zur Rede gestellt!

»Herr Oberbürgermeister, so geht es aber nicht …«

»Wieso dat dann?«, fragt der.

»Ich bitte Sie«, sagt der Bürger, »dadurch entsteht der Stadt doch Schaden!«

»Wieso dat dann?«, will der Oberbürgermeister wissen.

»Entschuldigen Sie mal, ich muss doch viel zu viel zahlen!«

»Da muss ich Sie unterbrechen!«, sagt nun der Oberbürgermeister, »der Stadt kann gar kein Schaden entstehen!«

»Wieso dat dann?«, ereifert sich nun der Bürger, »die Stadt ist doch immer noch die Gesamtheit aller Bürgerinnen und Bürger, oder meine ich das nur?«

»Ja sicher dat!«, bestätigt der Oberbürgermeister.

»Also muss der Stadt doch Schaden entstehen!«, betont der Bürger.

»Wieso dat dann?«, fragt der Oberbürgermeister nochmal nach.

»Das habe ich Ihnen doch schon gesagt. Ich muss doch viel zu viel zahlen.«

»Ich hab's Ihnen aber auch schon gesagt«, kontert der Oberbürgermeister, »der Stadt kann gar kein Schaden entstehen!«

»Wieso dat dann?«, wundert sich jetzt wieder der Kölner Bürger.

»Das haben Sie doch, verdammt nochmal, jetzt selbst schon zweimal gesagt – Sie zahlen doch!«

»Mein Gott, richtig!«, sagt da der Bürger, »das hatte ich in der Aufregung fast vergessen, aber gut, dass wir mal drüber gesprochen haben. Und ich dachte schon, der Stadt entsteht ein Schaden.«

So ist die Sache geritzt, so ist alles wieder im Lot, und zusammenfassend kann man festhalten: In Köln gibt es möglicherweise zwar Korruption, doch die kann strafrechtlich nicht verfolgt werden, weil keine Straftat vorliegt, sondern die Regel waltet: Je unverschämter die Kosten, desto mehr zahlt der

Bürger drauf, desto überhaupt kein Schaden, desto gar keine Untreue und umso niemals nie Betrug.

An diesem Punkt, um das Thema abzuschließen, regt sich der Kölner auch nicht mehr auf, sondern kann sogar genießen, wie er über den Tisch gezogen wird, weil er sich dann wieder sagt: »Man muss auch gönnen können.« Damit liegt er in der Entwicklung des Sozialverhaltens eigentlich ganz weit vorn und müsste für uns Deutsche als Vorbild gelten, gerade in diesen harten Zeiten.

Spezialdemokraten

Man kann es so oder so machen.
Ich bin für so.
GERHARD SCHRÖDER

Sozialpropheten und Spezialdemokraten

In Zeiten großer Nöte und Entbehrungen sind nicht nur Wirtschaftsführer, sondern auch Propheten gefragt, die für den Zusammenhalt der Verunsicherten und Verzagten sorgen. Wie damals Moses, als er die verbannten und geknechteten Kinder Israels aus der ägyptischen Gefangenschaft führte und dem Pharao so lange in den Ohren lag (»Let my people go!«), bis dieser den jammerlappigen Gospel nicht mehr hören konnte und dem ewigen Meckerer empfahl: Hau ab, mach dich vom Acker, und verschone mich mit deinem Gejammer! Worauf Moses sein Volk trockenen Fußes durchs Rote Meer führte, was ihm keiner zugetraut hätte, der Pharao aber plötzlich merkte, dass ihm nun die Ein-Euro-Jobber für Dienstleistungen aller Art fehlten, von Steineklopfen bis Pyramidenbau, weshalb er seine Arbeitsverwaltungstruppen von der Kette ließ und als Streitmacht den Arbeitsflüchtlingen hinterherschickte, aber das Rote Meer schwappte zurück und die antiken Sozialamtsschergen ertranken mit Mann und Maus.

Propheten hatten damals nicht die Aufgabe, die Zukunft weiszusagen. Vielmehr mussten sie die Gedeckelten und Geduckten auf die kommenden Zeiten vorbereiten (»Brüder zur Sonne, zur Freiheit ...«), mit den richtigen Parolen und Sinnsprüchen füttern (»I have a dream ...«) sowie für Geschlossenheit und den nötigen Durchhaltewillen sorgen (»We shall overcome …«), auch wenn sie Unangenehmes zu verkünden hatten und dafür beschimpft und geprügelt wurden.

Auch wir haben eine solch traditionsreiche Prophetenvereinigung – die SPD, die es sich seit nun schon über hundert Jahren nicht leichtmacht, ihre Klientel zusammenzuhalten. Für den harten Propheten-Job sind natürlich die Parteivorsitzenden zuständig, die diesen undankbaren Auftrag bald besser, bald weniger gut ausfüllen.

Doch keiner soll sagen, es hätte nicht schon früh Warnungen gegeben! Bereits Willy Brandt, ein großer Vorsitzender mit Weitblick, hatte damals als Bundeskanzler verkündet: »Jeder hat ein Recht auf Arbeit. Aber nicht unbedingt auf seine Arbeit. Sondern auf eine Arbeit.« Hätte man da nicht hellhörig werden müssen?

Sein Nachfolger Hans-Jochen Vogel hatte für solche Ausblicke keine Zeit. Er war vollauf damit beschäftigt, Klarsichthüllen zu bügeln.

Dann kam Engholm, ein wirklicher Hoffnungsträger, der unter Kanzler Schmidt Forschungsminister gewesen war und daher wusste, dass Wissen Macht ist, aber – Sie erinnern sich an die Barschel-Pfeiffer-Affäre? – zurücktreten musste, weil er etwas wusste, was so geringfügig war, dass er sich sagte, das macht nichts, und daher nichts sagte, was aber wiederum ganz entscheidend war. Da war seine Macht im Eimer, und er musste sich an die Ostsee zurückziehen, zum Krabbenpulen, wobei er sich immerhin mit der Lebensweisheit »Wat mutt, dat mutt!« trösten konnte. Mithin erging es ihm also wie dem Fischer und seiner Frau.

Dann aber erschien ein wahrer Prophet, ein wortgewaltiger Prediger an der Spitze der SPD – wenn auch nur kommissarisch, also vorübergehend stellvertretenderweise: Johannes Rau, der Wanderprediger aus Wuppertal und spätere Dampfplauderer in Düsseldorf, der daselbst als Landesvater mit einer wichtigen planerischen Leistung glänzte, als er das Landesparlament vom Zentrum der Stadt direkt an den Rhein verlagerte, damit die Bürger das Geld nicht mehr so scheppern hören, wenn die Politiker es aus dem Fenster werfen.

Dem großen Menschenfischer Rau brauchte man nicht zu vertrauen, weil man einfach glauben musste, was er mit der Kraft der Rede vertrat. Zum Beispiel der schnelle Plutonium-Brüter am Niederrhein, ein Milliardengrab, gegen das wir protestierten, wofür uns Raus Polizei nassprügelte und weichspritzte, so dass wir entsprechend schlecht auf den Verantwortlichen zu sprechen waren. Aber wenn dieser dann im abendlichen Fernsehprogramm das Projekt lobte, musste man, müde wie man war, dran glauben, bis man am nächsten Morgen wieder klar sah und sich erneut auf die Socken machte, zum Protest nach Kalkar.

Johannes Rau war für mich schon immer der wahre Erfinder des sprachlichen Kunsthonigs, zum Beispiel wenn er erklärte, dass es nicht um die Schnelligkeit der Schritte, sondern um die Richtigkeit der Richtung gehe. Großartig! Genau wie sein Ausspruch: »Ein gebrochenes Versprechen ist ein gesprochenes Verbrechen.« Oder als er damals erbittert die Grünen bekämpfte und versuchte, einen Wall aus Worten gegen sie zu errichten, einen Laber-Limes aus den Textbausteinen: »Lieber ein Haus im Grünen als einen Grünen im Haus!« Aber am hellsichtigsten klang seine Vorausahnung der Finanzkrise in meinen Ohren: Wir haben dieses Bundesland Nordrhein-Westfalen, dieses starke Stück Deutschland, nicht von den Vätern des Grundgesetzes geerbt, sondern nur von der WestLB gepachtet!

Danach kam Rudolf Scharping, ein gerissener Demagoge – was man damals leichtfertig unterschätzte –, der immerhin als Gegner von Helmut Kohl vor die Genossinnen und Genossen trat und mit seiner ruhigen Bassstimme verkündete: Leute, uns soll's jetzt allen schlechter gehen – wer hat Lust mitzumachen? Das Gerissene seiner populistischen Rhetorik bestand darin, dass er die miese Message, die böse Botschaft, uns solle es allen schlechter gehen, nicht verschwieg, aber tonal so raffiniert verpackte, dass sich die Zuhörer nicht gegen den Inhalt zur Wehr setzen konnten, weil sie schon während der ersten Sätze einschliefen, hinterher aber nicht behaupten konnten, sie hätten mal wieder nichts davon gewusst, wären gar nicht erst dabei gewesen beziehungsweise nicht gefragt worden, und was der typischen deutschen Ausreden mehr sind.

Oskar und Gerhard

Dann kam mit Oskar Lafontaine eine explosive Konfliktpotenz aufs Tapet, ein dermaßen tragischer Kassandra-Komiker, dass Shakespeare und Schiller ihre größten Helden zusammenrühren müssten, von Hamlet über Macbeth, Wallenstein und Richard III. bis zu Wilhelm Tell, und wer noch alles in Frage kommt, um Oskars vor Widersprüchen berstender Dramatik gerecht zu werden.

Er – eitel, ehrgeizig, machtgeil und intelligent – sagt sich, der bessere Kanzler wäre ich, lässt aber Schröder nach dessen Wahlsieg in Niedersachsen den Vortritt, ganz im Sinne der Geschlossenheit der SPD, und organisiert einen fulminanten

Wahlkampf, aus dem Schröder als Sieger hervorgeht. In der neuen Regierung stellt sich Oskar dann als Finanzminister zur Verfügung und vertritt eine Geldpolitik, nach der man sich heute die Finger schlecken würde, weshalb er von der Auslandspresse als »gefährlichster Mann Europas« gemobbt wird, aber die eigenen Genossen in der Regierung mobben kräftig mit, so dass Oskar sich sagt, um durchzusetzen, was ich für richtig halte, müsste ich gegen Schröder putschen und damit die Partei spalten, was gegen das Prinzip der Geschlossenheit ginge, aber anderenfalls müsste ich gegen meine eigene Überzeugung handeln, also mich selbst spalten, was gegen das Prinzip der Geschlossenheit meiner eigenen Person verstieße. Also überlegt Oskar, grübelt, grübelt, grübelt – und landet bei der kugelblitzartigen Erkenntnis: Schluss! Aus! Weg! Raus hier!

Danach sagte man sich bei der SPD: Wir brauchen keinen Propheten mehr, der das kommende Elend ankündigt, sondern endlich einen, der praktisch damit anfängt. Also Gerhard Basta-Schröder, der auf diesen Job nie Bock gehabt hatte und das auch jeden ganz unverblümt mit dem ihm eigenen Schlechte-Laune-Charme spüren ließ. Er brauchte nur mit seinem Rücktritt als Kanzler zu drohen, und schon kuschte seine Genossen-Kohorte.

Schröder, der mit der Cohiba zwischen den Zähnen zu den Arbeitgebern sprach: Jungs, was kann ich für euch tun? So kamen mit der Agenda 2010 und den Hartz-Paketen die biblischen Plagen über die eigene Klientel, und die sieben mageren Jahre nahmen ihren Anfang,

Dann, wir schreiben mittlerweile das Jahr 2005, es standen Wahlen in Nordrhein-Westfalen an und der SPD liefen die Mitglieder und Wähler scharenweise davon, brauchte man einen, der das Übel wieder lindern konnte.

Wir müssen da was korrigieren, forderte Müntefering von Schröder, denn der arbeitslose Ingenieur, der mit seinen fünfzig Jahren dreißig Jahre lang in die Sozialkasse eingezahlt hatte, bekam sein Arbeitslosengeld nur noch zwölf Monate lang, kein bisschen länger als der Bauhilfsarbeiter, der mit seinen neunzehn Jahren noch gar nichts eingezahlt haben konnte, und das ist ungerecht, der Ingenieur muss sein Geld sechs Monate länger bekommen, was zwar am Beschiss nichts ändert, aber immerhin merkt er es dann erst ein halbes Jahr später, und dazwischen haben wir Wahlen in Nordrhein-Westfalen. Diesen Vorstoß blockte Schröder schroff ab und meinte, wenn man am Kartenhaus der Agenda auch nur ein bisschen rumfummelte, bräche der ganze Mist zusammen, also gäbe es da nur eins – Geschlossenheit wahren, Augen zu und durch! Daran hielt sich Münte im Dienste der Geschlossenheit natürlich, und alles lief plangemäß: Die Wahlen in Nordrhein-Westfalen gingen in die Binsen und bei der SPD kam Katerstimmung auf. Und wie man sich am Aschermittwoch trotz Kopfschmerz schon wieder auf die nächste Session freut, fieberte man auch hier bereits dem nächsten derartigen Erlebnis entgegen – doch weil man nicht ein Jahr darauf warten wollte, zog man bekanntlich die Bundestagswahl auf den Frühherbst vor, was wiederum ein voller Erfolg war, denn wie wir wissen, gingen auch diese Wahlen erfolgreich daneben.

Doch dann trat Müntefering plötzlich zurück, und es war Hängen im Schacht. Wie sollte der neue Parteiprophet nur aussehen, vor allem – woher nehmen? Zumindest war das Anforderungsprofil relativ klar. Man suchte jedenfalls keinen, der das Übel ankündigte, darauf vorbereitete, es praktizierte oder zu lindern versuchte, sondern jemanden, der schon mit seiner Erscheinung vermitteln konnte: Seht, es geht!

Also suchte man auf dem Gebiet der ehemaligen DDR, in den sogenannten Beitrittsländern, und wurde mit Matthias Platzeck fündig, einem Schmalhans aus Brandenburg, der auf dem entsprechenden Sonderparteitag 99,999 Prozent der Stimmen erhielt, mehr als Ulbricht und Honecker jemals gemeinsam geschafft hätten. Da verschmolzen verzagte Parteigenossen und zerstrittene Apparatschiks zu einer Gemeinde gläubiger Endzeitchristen. Dabei war Platzeck zwar sympathisch, aber nun wirklich kein Charismatiker, ja er konnte noch nicht mal das Lied »Glückauf, der Steiger kommt« auswendig. Woher also diese Überzeugungskraft, wo er doch ziemlich unscheinbar wirkte?

Eine Erklärung kam vom seinerzeitigen Deutschen Meister im Hammerwerfen aus Köln-Kalk, ebenfalls ein eher spirreliger Typ. Normalerweise haben Hammerwerfer reichlich Anabolika auf den Muckis und schleudern die angekettete Kugel damit über sechzig Meter weit. Er aber, der nichts auf den Ärmchen hatte, warf stets noch vierzig Zentimeter weiter. Woher also diese seine Kraft? Er trainierte prinzipiell nicht, vor dem Wettkampf ging er zur Zerstreuung ins Freudenhaus, rauchte Zigarre und trank vor dem ersten Wurf drei Kölsch, damit sich der Hammer beim Fliegen am Riemen riss und nicht gleich ins Publikum flog. Wie schaffte er das nur, was war seine Trainingsmethode? Ganz einfach, antwortete er den sprachlosen Journalisten, mein Vater hat immer zu mir gesagt, da war ich noch ganz klein, Junge, wenn du einen Hammer siehst, wirf ihn ganz weit fort!

Bei Platzecks Wahl wirkte die schiere Saugkraft des Vakuums in der SPD, und so sollte Matthias nun den Wunderheiler, den Rasputin geben, obwohl sein Bart reichlich abgeraspelt wirkte. Er verkörperte für die geplagte Reformpartei das Prinzip Hoffnung, das bisher noch keiner zu Gesicht bekommen hatte. Wenn aber das Prinzip Hoffnung zwei Beine gehabt und sich seit vier Tagen nicht rasiert hätte, hätte es damals aussehen müssen wie Matthias Platzeck.

In ihrer Not benötigte die SPD nicht mehr nur einen Propheten, sondern geradezu einen Heiligen, wusste aber nicht, wie man sich auf die Schnelle so einen beschafft, und erkundigte sich daher umgehend beim Kölner Kardinal Meisner, der die Genossen hilfsbereit in diese geheime Kunde einwies: Man nehme eine leibhaftige Person, die zu eigenen Lebkuchenzeiten mindestens ein Wunder vollbracht haben, dann aber spektakulär zu Tode gekommen sein müsse, also unter fiesesten Folterqualen im Rahmen eines anständigen Martyriums. Mit hundert Jahren Abstand könne man dann darüber eine Legende verfassen und nach weiteren hundert Jahren den Prozess der Verheiligung einleiten.

So einleuchtend das Verfahren, so problematisch die Umsetzung, vor allem durch den geforderten Abstand von hundert Jahren. Diese Zeit haben wir wirklich nicht, sagte sich der Parteivorstand, wusste sich aber dennoch zu helfen, indem er das Rezept einfach umdrehte, also Matthias Platzeck zuerst heilig sprach und dann von ihm die Wunder verlangte, und zwar zack zack – was ihn so stark überforderte, dass er zwar nicht unter Folterungen starb, aber immerhin einen Hörsturz erlebte.

Da hätte man sich besser mal an die weisen Worte des früheren Wirtschaftsministers Graf Lambsdorff erinnert, die besagen, dass gewisse politische Prozesse nicht so einfach umkehrbar sind. Oder, wie der Graf es ausdrückte: Man kann aus einem Omelett kein Rührei mehr machen.

Beck

Welche prophetische Qualifikation war nun gefragt, wo die Partei immer mehr einer Badwanne glich, aus der Mitglieder und Wähler wie Wasser abliefen, während das Spundloch immer größer wurde? Wo sich zugleich im parteiinternen Drama das Gewimmel von Ehrgeiz, Verrat, Intrige, Heuchelei und Klamottenkomik weiter und weiter steigerte?

Man griff auf Kurt Beck zurück, auf diese vertraulich-gemütvolle Kombination von Frikadelle und Pusteblume mit der Anmutung eines überreifen Wonneproppens. Egal, wie stark ihn der Geruch des nahenden Zerfallsdatums umwehte, hier wurde Beck als Retter gefeiert, als richtiger Mann zur richtigen Zeit, der die Löcher in der SPD kitten könne.

Immerhin hatte er Rheinland-Pfalz als einzige Hochburg der SPD gehalten, musste also ein gewiefter Demagoge sein – was wie so oft unterschätzt wurde, zumal er seinen letzten Wahlkampf mit seinem entschlossenen Vorgehen gegen die Mopsfledermaus gewonnen hatte. Mopsfledermaus? Diese Spezies existiert im Hunsrück nur noch in vier Exemplaren, die anderen fünf wurden in den letzten Jahren von den Billigfliegern der Ryanair weggeschreddert. Während die Grünen für den Erhalt der restlichen Exemplare eintraten, lief Beck, kompromisslos, wie er sein kann, zu kämpferischer Hochform auf und betonte: Wir lassen uns vom Erhalt der Mopsfledermaus im Hunsrück keine Parkplatz-Arbeitsplätze in Pirmasens vernichten! Nun liegt dieser Ort zweihundert Kilometer Luftlinie entfernt, aber daran merkten die Rheinland-Pfälzer erst recht, welche geistigen Spannungsbögen Kurt Beck aufzurichten und auszuhalten in der Lage ist. Man könnte sagen, die SPD versuchte, mit Beck da anzuknüpfen, wo die CDU mit Helmut Kohl aufgehört hatte.

Julius Cäsar kam, sah und siegte, Beck kam, saß und sitzte. Kein ruhender Pol, aber ein beruhigender Klops. Und wartete auf ihn nicht eine wahre Herkulesarbeit? Wie der große Held den versauten Augiasstall ausmisten musste, musste Beck die zerstrittenen Flügel der SPD am Zerflattern hindern und ihre mottenzerfressene Programmatik flicken. Da kamen seine charismatisch-organisatorischen Moltofill-Qualitäten genau recht. Mit seiner teigigen Taktik für die zerstrittene Hü- und Hott-Genossenschaft wirkte Beck wie Gips, der die Risse im Mauerwerk kaschiert, aber nichts an der maroden Statik ändert. Ein provisorisches Bindemittel also, und so wurde Kurt, der Notstopfen, alsbald von den eigenen Genossen wie ein Stöpsel aus der Wanne gezogen.

Wiedergänger Münte

Nun konnte eigentlich nur noch ein Wunder helfen, und siehe, es geschah mit dem Erscheinen der Ikone Münte. Hatte dieser bei seiner ersten Wahl zum Vorsitzenden noch bekannt, dies sei der schönste Job neben dem des Papstes, so musste der Vatikan ihm bei der Wiederwahl neidlos bescheinigen, dass er geschafft habe, was noch keinem Heiligen Vater gelungen sei: als sein eigener Nach-Nachfolger zurückzukommen. Das könnte ein Papst nur über die Wiederauferstehung leisten, die aber gäbe es erst am Jüngsten Tag und sei bis dahin im kirchlichen Bereich Jesus vorbehalten.

Münte ist belastbar, das hat er im letzten Wahlkampf unter Beweis gestellt, als er bei einer Rede zusammenbrach, sich aber gleich wieder fing und weitermachte. Mich wunderte das damals, denn wieso, fragte ich ihn am Telefon, brechen Sie erst beim dreißigsten Mal zusammen, wenn es doch immer dieselbe Rede ist? Er müsse, gestand er mir, seine Rede schon sehr oft halten, um selbst mitzukriegen, was er anderen da zumutet. Ein Erkenntnisschock, der ihn zur Implosion brachte, die man netterweise zum Schwächeanfall umdeklarierte. Aber, wie gesagt, schon vierundzwanzig Stunden später war er wieder fit, quasi immun gegen sich selbst, und konnte seine Rede endlos weiter halten. Als Krönung meinte er schließlich, es sei total unfair, Politiker nach der Wahl daran zu messen, was sie vor der Wahl versprochen haben. Mit dieser Erkenntnis ist er nun völlig jenseits von Gut und Böse gelandet.

Seither wird das Programm »Geschlossenheit« täglich von Münte auf die Genossinnen und Genossen abgeladen, schließlich stehen ja wieder Wahlen ins Haus. Und nicht zu knapp! Geschlossenheit, Genossinnen und Genossen, auch wenn es schwerfällt, auch wenn nicht jedes Mitglied einsieht, wegen der Agenda für die eigene Sozialhilfe betteln zu müssen, auch wenn es nicht jedem passt, sich wegen der Kostendämpfung im Gesundheitswesen den Blinddarm selbst mit dem Schweizermesser reparieren zu müssen – auf jeden Fall Geschlossenheit!

Diese Geschlossenheit, Genossinnen und Genossen, kennen wir doch aus frühester Mitgliedschaft in unserer Partei, als wir noch als Falken und Jusos auf Fahrt gingen, da galt immer das eiserne Motto: »Wenn einer muss, muss der ganze Bus!«

Und wenn, Genossinnen und Genossen, wir uns mit den Hartz-Paketen selbst in die Fresse hauen, dann müssen wir, liebe Genossinnen und Genossen, das wenigstens genießen, denn wozu nennen wir uns sonst Genossen!?

Lösungen

Die Hoffnunglosen hinhalten,
die Enttäuschten trösten,
die Müden ermutigen
und die Wütenden ermüden –
darum geht es!
H.P.

Fassen wir zusammen …

Drei Dinge braucht der Mensch als Volk, wenn er nicht als Depp durchs globale Dorf dackeln, sondern sich in diesem blutigen Klamottenstadl amüsieren und totlachen will: den Helden als Vorbild, den Versager als Abschreckung, aber auch Ansporn, und den Feind als Pappkameraden und Watschenmann.

Aber vielleicht ist auch alles nur eine Frage der Kondition.

Kondition ist gut, wenn man sie hat. Kondition kommt von Konditionieren. Den Bedingungen gewachsen sein. Also verändert man entweder die Verhältnisse, oder … oder man trainiert die eigene Kondition, um sie besser aushalten zu können. Entweder oder!

Und ich kann Ihnen gar nicht sagen, wie oft ich mich schon gefragt habe: Warum, verdammt nochmal, kannst du nicht sein, wie die anderen? Wie die anderen, die sich durchs Leben unterschlagen! Steuern zahlen, Gehirn ausschalten, und ab geht's …

Gehirn ausschalten? Das wäre eine Lösung. Man klopft sich an den Kopf, genau an die Stelle, an der man das Gehirn vermutet. Na, wie klingt das? Nach Holz? Nein – hohl! Und das ist nicht ungefährlich. Aber so schlimm wird's nicht sein, es arbeitet doch noch! Manchmal wenigstens.

Neulich habe ich aus Versehen mit meinem Steuerberater über diese Sache gesprochen. Da wurde der richtig sauer!

Was, Ihr Gehirn arbeitet noch? Das ist doch längst abgeschrieben!

Ja, weiß ich! Aber es tuckert nach. Zumindest manchmal noch, nur zum Spaß. Wahrscheinlich will es mich ärgern.

Das ist nicht zum Lachen, warf der Steuerberater ein, das ist ein geldwerter Vorteil, passen Sie bloß auf, dass das Finanzamt keine Nachzahlung verlangt! Wie? Vorsicht, denken Sie ja nicht zu laut!

Lösung oder Stimmung? Klare Fronten!

Klar, man will nicht nur Spott und Hohn über sattsam bekanntes Elend hören, sondern Lösungen. Ein absolut verständlicher, wichtiger, richtiger Wunsch.

Aber eine Lösung ist nur dann eine Lösung, wenn sie funktioniert, wenn es sich also um eine hundertprozentige Lösung handelt. Und das ist keineswegs immer einfach. Man kennt das aus der Arbeit, aus Betrieb und Büro. Im Laufe der Arbeitswoche braut sich ein Problem zusammen, türmt sich auf, so dass dringend eine Lösung her müsste. Aber wer schafft sie ran?

Sie sind wieder mal so gut und stellen sich zur Verfügung, opfern dafür sogar das Wochenende, und schicken Ihre Frau alleine zum geplanten Kegelausflug. Sie arbeiten rund um die Uhr, der Montag ist da, Ihre Frau noch nicht, doch dafür haben Sie die Lösung, die Sie stolz und bleich dem Kollegium präsentieren. Da nimmt das eigentliche Problem seinen Lauf. Neid kommt auf, der Vorwurf des Strebertums wird laut, die Stimmung wird immer mieser, das Mobbing lässt nicht lange auf sich warten: »Diese Lösung ist so gut«, bekommen Sie zu hören, »die nehmen wir auf gar keinen Fall!«

Also geht's im Grunde nicht so sehr um eine Lösung, die stimmt, sondern um eine Stimmung, die löst. Die richtige Stimmung muss her, eine Stimmung, die dazu führt, dass die Menschen innerlich gelöst sind. Und da muss man natürlich bei sich selbst anfangen.

Grundsätzliche Voraussetzung für Lösungen sind klare Fronten und exakte Feindbilder: Linke gegen Rechte, Vertriebene gegen Heimatverächter, Revanchisten gegen Europäer, Emanzen gegen Karrieristinnen, Söhne gegen Väter, Greise gegen Yuppies, Mütter gegen Schwiegermütter, Ossis gegen Wessis, Rentner gegen Penner, Russenaussiedler gegen Türken, Wähler gegen Politiker, Kleinaktionäre gegen Aufsichtsräte.

Manchmal verläuft die Front mitten durch die eigene Person hindurch. Ich bin selbst mal verhaftet und als rabiater Rassist angeklagt worden, weil ich in einer Kneipe lauthals gesagt hatte, dass ich Deutsche doof finde! Der Richter hat mich dann aufgrund meines Versprechens, etwas gegen mein Defizit zu tun, nur auf Bewährung verurteilt. Ich habe dann hart an mir gearbeitet und sogar eine Selbsthilfegruppe gegründet: »Anonyme Selbsthasser«. Überall, sogar in der BILD-Zeitung, habe ich eine Anzeige unter Chiffre aufgegeben: »Suche Gleichgesindel«. Hat sich nur keiner gemeldet. Trotzdem, man muss sich was einfallen lassen!

Zukunftsfähig

Wichtig ist schließlich die Zukunft, und die hat viele Namen. Für die Schwachen ist sie das Unerreichbare. Für die Furchtsamen ist sie das Unbekannte. Für die Tapferen ist sie die Chance. Ja, die Zukunft! Da muss man aufpassen, so schnell wird einem die geklaut! Von der CDU zum Beispiel, die schon mal auf einem Parteitag – da war Kohl noch Kanzler – die Parole ausgegeben hat: »Wir besetzen die Zukunft!« Unglaublich! Die Zukunft ist doch für alle da! Da will ich mal ein bisschen Zukunft haben – und wer sitzt drauf? Der dicke Kohl schon wieder mit seinem Kackarsch, und ruft, »Besetzt!«. Der kann doch nicht einfach die Zukunft mit einem Klo verwechseln, frei nach seinem Wahlspruch: »Entscheidend ist, was hinten rauskommt.« Entschuldigen Sie, habe ich mir da gesagt, aber auf so eine beschissene Zukunft kann ich verzichten.

Orientierung durch Fernsehen am Morgen

Frühzeitige Orientierung ist die halbe Miete bei der Lösungssuche. Dabei kann frühmorgendliches Fernsehen äußerst hilfreich sein. Zum Beispiel das tägliche MoMa, das öffentlich-rechtliche Fernsehmagazin am frühen Morgen. Schlechte und gute Nachrichten – zwar nicht direkt vom Erzeuger, aber immerhin aus erster Hand.

Wenn die Nacht geht und die Alpträume weichen, schleicht sich das Fernseh-Morgenmagazin ins Haus! Während die rechte Hand noch an der Kaffeemaschine fummelt, hat man die Glotze längst mit links zum Laufen gebracht – das MoMa kommt! Selten ist man vor dem MoMa wach und muss ohne Zufluchtsort und Bestimmung durch das Grauen des Morgens irren, denn das echte Morgengrauen beginnt schon um fünf Uhr dreißig. Zu dieser Stunde krallt sich das MoMa gleich der lilienfingrigen Eos ins gähnende Gemüt, platzt herein wie der erste Hahnenschrei ins Betonbiotop der Großstadt.

Die tägliche Menschwerdung hebt an. Hier mausert sich der Schnarchsack zum Otto Normalverbraucher, alle halbe Stunde von den immer gleichen Nachrichten wachgerüttelt, vom

Wetterfrosch mit den Außentemperaturen und Quellwolken in Kontakt gebracht und vom wöchentlichen Gesundheitsonkel gesundheitlich fit geschwafelt, bis er in der Lage ist, dem täglich-allzutäglichen Chaos dieser Welt die Stirn zu bieten – dem MoMa sei's gedankt. Wenn Jutta und Julitta, Gerd, Peter, Anne, Sven und wie sie weiter heißen, diese fröhlichen Kicherteams, die einem in Gemeinschaft mit dem Sportexperten die Welt zerkleinern, das globale Chaos portionieren und den Terror wie Tortenteilchen häppchengerecht verabreichen – wenn diese Truppe loslegt, werden die harten Tatsachen dieser Tage wie Knabberkekse in den lauen Kakao des Moderatoren-Geplauders getunkt. So wird einem das harte Leben vor der Haustür quasi eingeplappert.

Also schlabbert man sich der rauen Wirklichkeit entgegen und ist in weniger als einer halben Stunde MoMa wieder zum Weltbürger geworden, mit Aktienkurs, Ligatabelle und Wetterkarte gewappnet, noch bevor man den ersten Schritt ins Freie setzen konnte. Der Tag kann kommen, nichts kann einen mehr schrecken, denn das MoMa war schon da. Dreieinhalb Stunden am laufenden Gelaber – da kommt man nie zu spät, kann immer neu einsteigen und steigt auch nie zu früh aus, denn spätestens nach drei Nachrichtenblöcken kann man klar benennen, was einen vom Hocker reißt, bereits zum Halse raushängt oder gähnend zurück in den Schlaf schickt.

Und wenn man bis neun Uhr durchgehalten hat, was mir schon oft gelungen ist, kann es einem durchaus wie den Moderatoren gehen – die sind geschafft, und man selbst kann sich guten Gewissens sagen: Heute so, morgen gestern, der Lauf der Welt ist eingeeiert und ausgewuchtet, der Tag kann kommen, warum soll ich eigentlich noch aufstehen, ich hatte doch schon das MoMa!

Die US-Bürger haben sich auch in den finstersten Tagen ihrer Finanzkrise mit positiven Botschaften Mut zugesprochen. Bei eBay wurden vor kurzem gültige Ein-Dollar-Noten versteigert, um die Stimmung zu testen. Und sie wurden gekauft! Höchstgebot für eine Ein-Dollar-Note waren sechs Dollar und achtzig Cent, die real gezahlt wurden. Offenbar kam die Botschaft an: Das ist uns unser Geld wert!

Die deutsche Postbank verschrottete Anfang des Jahres einen älteren Safe, indem sie ihn einschmelzen ließ. Doch in dem Safe befanden sich noch 150 000 Euro. Die Botschaft?

Dieser Vorgang erinnerte mich an Belagerungen im Mittelalter, als Horden von Ungarn, Hunnen oder Finnen um kleinere deutsche Städte herumlungerten, damit sich die Einwohner ergaben oder verhungerten. Als man einmal nach neun Monaten nichts mehr zu beißen hatte und dazu überging, auf den Zehennägeln zu kauen, hatte der örtliche Bäckermeister die rettende Idee: Er fegte die letzten Rattenköttel zusammen, verrührte sie mit Sägemehl und buk Brezeln daraus, die er anderntags über die Mauer zu den Belagerern warf, welche darauf geschockt die Belagerung aufhoben und deprimiert abzogen, weil sie die Botschaft verstanden hatten: Es ist genügend da! Diese frohe Botschaft wollte uns auch die deutsche Postbank vermitteln, als sie die 150 000 Euro einschmolz: Fürchtet euch nicht, denn ihr seht, es ist genügend da!

Auch die deutsche Regierung sandte eine positive Botschaft aus, als sich der Bund über seinen Stabilisierungsfonds teilweise an der Commerzbank beteiligte, die sich selbst am Kauf der Dresdner Bank verschluckt hatte, deren »grünes Band der Sympathie« sich schon die Allianz-Versicherung als Schlinge um den Hals gelegt hatte. Die Commerzbank besaß zu diesem

Zeitpunkt einen Börsenwert von knapp sechs Milliarden Euro, aber unsere Regierung legte für den Kauf ganze achtzehn Milliarden auf den Tisch. Welche Botschaft wurde hier vermittelt? Keine Frage: Wir nehmen die Commerzbank als Bank gar nicht mehr ernst, wie könnten wir auch, aber wir achten sie umso mehr als Sammlerstück. Ergebnis: Der Wert der Commerzbank steigerte sich auf das Dreifache. Als Sammlerstück hat sie sich also bereits rentiert.

Matratzen

Doch die wichtigste positive Botschaft der Krise vermittelten die Deutschen selbst. Als der Montag des größten Risikos und der bangsten Erwartung kam, als die Frage im Raum stand, ob nun alles zusammenbräche, stürzten sie eben nicht zu ihren Banken und Kassen, um panisch ihr Geld von den Konten zu kratzen und damit unweigerlich alles und jeden ins größte Elend zu stürzen – im Gegenteil, die Deutschen besannen sich auf eine ihrer größten Tugenden: Ruhe ist die erste Bürgerpflicht! So blieben sie zu Hause, ließen die Rollläden herunter, um das Elend auf den Straßen nicht sehen zu müssen, schlugen ihre Sparbücher auf und meditierten über den Nullen nach dem Komma.

Anderntags aber wurden sie aktiv, denn ein Geheimtipp hatte sich herumgesprochen: Matratzen! Das kam so …

Wenn, hieß es, die Deutsche Bank sich jetzt Geld liehe, dann auf keinen Fall von einer anderen Bank, denn wer der Deutschen Bank jetzt noch etwas leiht, muss entweder so blöd sein, dass es schon wieder gefährlich wäre, sich mit ihm auf Geldgeschäfte einzulassen, oder so raffiniert, dass es noch gefährlicher wäre. Also lieh sich die Deutsche Bank ihr Geld von der Zentralbank und zahlte dafür nur sehr niedrige Zinsen von zwei Prozent, hätte am kommenden Jahresende von hundert geliehenen Euro also noch 98 Euro übriggehabt, eine beachtliche wirtschaftliche Leistung bei den derzeitigen Verlustquoten. Das Geld bliebe aber auch in diesen schweren Zeiten nicht bei der Bank auf der faulen Haut liegen, hieß es, sondern würde an die Zentralbank zurück verliehen, die dafür ein Prozent Zinsen zahlte, so dass die Deutsche Bank am Jahresende sogar 99 von hundert Euro wieder erwirtschaftet haben würde.

Wenn man sich nun aber als einfacher Bürger, was die Deutsche Bank nicht könne, Matratzen kaufte, derzeit in Sonderangeboten sehr preisgünstig, und sein Geld unter eben diesen lagerte, hätte man, so lautete der Flüstertipp, mit ziemlicher Sicherheit am Jahresende noch hundert von hundert Euro übrig, würde das Geschäft also mit einer besseren Rendite abschließen als ein Profi wie Josef Ackermann!

Nur vor Neidern solle man sich in Acht nehmen, sagte man, denn die zögen neuerdings mit bezahlten Albaner- und Rumänenhorden durch die Eigenheimquartiere, um zu sehen, was da so geraubt werden könne. Glücklicherweise gebe es auch hier Abhilfe, denn bei Rudis Resterampe seien wieder kleinere Mengen von etwas abgegriffenen, aber durchaus funktionstüchtigen Gartenzwergen mit eingebautem Schießbefehl aus Restbeständen der NVA im Angebot. Auf die gebe es zwar keine Garantie mehr, aber immerhin könne man sie von der Steuer absetzen, und wenn man sie um die Matratzen herum aufstellte, sei man endlich auf der sicheren Seite.

Arbeit-Geber-Nehmer

Ich selbst habe mich schon seit langem praktisch ganz vom Kasinokapitalismus abgekoppelt und stelle mich gerne als Referenzmodell für den Neuanfang zur Verfügung. Ich bin mein eigener Arbeit-Geber-Nehmer, eine echte, funktionierende Ich-AG. Da ich meine Energie mittels eigenem Kraftwerk selbst erzeuge, bin ich selbstständig, autonom, autark und vor allem nachhaltig. Ich war schon eine Ich-AG, als es den Begriff noch gar nicht gab, und nun, wo die Bezeichnung Ich-AG längst als Unwort des Jahres versenkt worden ist, bin ich noch immer als eine solche aktiv.

Auf der Bühne, meinem allabendlichen Arbeitsplatz, sieht man mich als Arbeitnehmer, der von mir als Arbeitgeber aus Köln-Nippes zum jeweiligen Auftrittsort geschickt wurde, um ein paar Späße zu machen. Dort leiste ich bei einem durchschnittlichen Arbeitsende gegen 22.30 Uhr, nach allerletztem Witz, Applaus und Zugabe, eine normale Spätschicht ab, und wenn ich hinterher noch ein paar Bier trinke, kann daraus schnell eine Nachtschicht werden, was Schlafmangel und Übermüdung zur Folge hat.

Leider interessiert mich das als Arbeitgeber einen feuchten Dreck, denn am nächsten Tag ist normalerweise nicht Sonntag, sondern bestenfalls Samstag, und selbst wenn Sonntag ist, wird der Wecker gnadenlos auf halb sechs gestellt, so dass ich mich als Arbeitnehmer empört bei mir als Arbeitgeber beschwere: »Wo bleibt da, bitte schön, die Ruhezeit?!« Doch als Arbeitgeber muss ich auf einen derartigen Einwand natürlich erwidern: »Solche Mätzchen können wir uns in Zeiten von Globalisierung und Finanzkrise einfach nicht mehr leisten!«

Wenn ich dann als Arbeitnehmer tatsächlich um halb sechs den Wecker scheppern höre, knalle ich ihn, aus dem Tiefschlaf gerissen, an die Wand, dass die Sprungfedern durch die Stube fliegen, und fluche: »Welcher Vollidiot hat den Wecker wieder so früh gestellt!?« Aber um halb acht muss ich dann als Arbeitgeber hören, wie ich als Arbeitnehmer immer noch dumpf rumschnarche, und rufe mir zu: »He, fauler Sack, steh endlich auf!« Worauf ich als Arbeitnehmer drohend zurück brülle: »Nicht in dem Ton!« Und schon brennt die Luft. Am Ende haben wir es bis halb neun noch nicht geschafft, unseren eigenen Betriebsrat anzurufen, einen Schriftsatz an unser Arbeits- und Sozialgericht aufzusetzen oder wenigstens einen Kaffee zu schlürfen – aber wir haben bereits gemeinsam jede Menge Energie erzeugt.

Corporate Identity!

Entlassungen, Arbeitslosigkeit? Für mich als Ich-AG kein Thema, das nehme ich ganz gelassen, und um derartige Turbulenzen durchzustehen, brauche ich nicht mal Selbstwertgefühl, ich habe ja eine Corporate Identity. Also, wie schütze ich mich wirklich effektiv vor Arbeitslosigkeit? Ich habe die Lösung gefunden, und ganz ohne mühselige gewerkschaftliche Solidarität – ich besitze Shareholder Value. Wenn ich mich entlasse, steigt mein Kurs, damit meine Dividende und dementsprechend die Rendite. Noch dazu muss ich mich ja immer wieder einstellen, damit ich mich wieder wegrationalisieren kann. Ich kann mich, recht besehen, eigentlich gar nicht so oft entlassen, wie es für die Kursentwicklung sinnvoll wäre.

Mein Paulus-Saulus-Erlebnis hatte ich neulich bei der Haushaltsdebatte im Bundestag, als ich hören musste, dass auf meinem Kopf, statistisch gesehen, ein Schuldenberg von 100 000 Euro lastet. Das hat mich unheimlich runtergezogen. Ich habe sofort meinen Steuerberater angerufen und ihm gesagt, das schreiben wir aber ab! Worauf er meinte, das ginge nicht. Wieso, das sind doch Schulden? Ja ja, schon, aber umgekehrt sei es so, dass als Bundesbürger, statistisch gesehen, ein Guthaben von 180 000 Euro auf meinen Schultern ruhe. Okay, habe ich mir da gesagt, an die Differenz will ich ran! Aber wie?

Doch nicht, indem ich Steuern zahle und beim Jahresausgleich wieder etwas zurückfordere, damit verliert man doch nur Geld. Nein, ich mache mich ganz und gar selbstständig, ich beteilige mich an dieser Republik nur noch durch Aktien. Von nun an bin ich als Ich-AG nicht nur der, der ich normalerweise bin, sondern stehe zu mir in einem besonderen Eigentumsverhältnis. Ich bin eine Aktiengesellschaft, an der ich als Hauptaktionär die Aktienmehrheit besitze. Damit bin ich als Ich-AG nicht nur meine eigene Firma, sondern habe mich noch zusätzlich aufgespalten – in mich und mich und meinen Besitz an mir.

Da es mich jetzt nicht mehr nur als Arbeitgeber und Arbeitnehmer, sondern auch als Aktienpaket gibt, bin ich nun drei. Eine solche Dreieinigkeit gibt's sonst nur im christlichen Glauben! Als mein eigenes Aktienpaket zwitschere ich rund um die Uhr um den Globus, stets auf der Suche nach einem Platz, an dem ich mich heute hin- beziehungsweise anlegen kann. Manchmal habe ich mich an der New Yorker Börse noch gar nicht verkauft, da habe ich mich in Tokyo schon längst zurückgekauft. Ich brauche keinen Optimismus, ich genüge mir als meine eigene Option und bin mir selbst mein persönlicher Insidertipp.

Und damit ist noch lange nicht Schluss, denn ich bin fit für den Weltmarkt, den Turbokapitalismus, die Globalisierung. Erst gestern habe ich eine Briefkastenfirma auf den Bahamas gegründet, damit ich mich endlich von mir absetzen kann. Wenn's brenzlig wird: Nichts wie weg! Auch größere Turbulenzen überlebe ich problemlos als Wanderheuschrecke.

Lassen Sie mich noch auf ein schwerwiegendes Problem eingehen, für das ich ebenfalls eine Lösung anzubieten habe. Ein Beispiel: Der ältere arbeitslose Ingenieur muss seine Bedürftigkeit beweisen, wenn er Geld vom Staat haben will, weil er keine Arbeit mehr findet. Diese Bedürftigkeit wird vom Staat festgelegt und im Zweifelsfall auch erst hergestellt, indem er, der Ingenieur, zunächst alles verkaufen muss, was er noch hat: Eigenheim, Lebensversicherung, PKW – eben alles bis auf ein kleines Schonvermögen. Ganz anders bei mir: Wenn es mir dreckig gehen sollte, verkaufe ich doch nichts von mir, im Gegenteil, ich kaufe zurück, und zwar Aktien von mir auf Kredit von mir. Damit kommt wieder Phantasie ins Papier, der Kurs steigt, und wenn er ganz oben ist und ich es finanziell eigentlich nicht mehr nötig hätte – dann erst verkaufe ich.

Generationen-Sperrvertrag

Doch für ein anderes Problem wird noch eine gültige Lösung gesucht – für den Generationen-Sperrvertrag. Es gibt, das werden Sie sich in Ihrem aufgeklärten Umfeld nicht vorstellen können, viele Menschen, die sich einen großen Teil ihres mühsam angerackerten Gehalts oder Lohns bei hellem Tageslicht von staatlichen Rentenkassen kidnappen lassen. Die staatliche Rente – ein Kettenbriefunternehmen, das längst verboten gehört! Genauso gut kann ich doch meine Rentenbeiträge direkt beim Hütchenspieler aus Albanien abgeben, bei dem habe ich höhere Gewinnchancen. Vor allem sagt er mir ehrlich und fröhlich ins Gesicht, dass er mich bescheißen wird, und nicht so verklemmt wie die Berliner Politiker.

Aber die Misere hat andere Gründe. Jeder weiß, es gibt zu wenig Kinder, die die Rente bezahlen wollen, die unsere ältere Generation als Letzte wird genießen dürfen. Auf gut Deutsch: Die Deutschen sterben aus. Seit Gründung der Bundesrepublik hat sich eben einiges geändert. Heute werden Kinder nicht mehr auf die Welt gebracht, auf dass es ihnen besser gehe als der letzten Generation. Damals, nach der Schwarzmarktzeit, als die Schattenwirtschaft blühte, ging es noch aufwärts, damals kamen die vielen schönen Konsumwellen ins Rollen, die Autowelle, die Reisewelle, die Häuslebauerwelle, die Kühlschrankwelle, die Lockenwelle, die oben liegende Nockenwelle – und mit all diesen kam die Vollbeschäftigung. Da konnte es den Kindern nur besser gehen als den Eltern. Aber heutzutage werden Kinder so gut wie ausschließlich geplant und staatlich gefördert, damit sie selbst Kinder zeugen, die dann Enkel zeugen, die wiederum Urenkel zeugen, deren Töchter und Söhne alsdann die Zinsen der Schulden abtragen müssen, die wir heute als Hypothek auf ihre Zukunft aufnehmen. Da verlieren viele Deutsche die Lust und sagen sich: Ich züchte doch keine Zinsknechte.

Kinder kosten – meine Nerven …

Haben Sie auch davon gehört? Armut durch Kinder! Und wer keine hat, verdient zuviel und soll mehr in die Pflegekasse geben, und in die Rentenkasse? Vielleicht auch in die Krankenkasse? Ich als DINKI, als dubble-income-no-kids, habe mehr zum Leben, weil ich keine Kinder habe, für die ich mein Geld ausgeben muss? Wer sagt das denn? Ich habe doch das ganze Geld, das ich nicht für eigene Kinder ausgebe, vom Finanzamt in mein Haus hier stecken lassen, das ist mein Kind.

Und wegen der öffentlichen Wohnbauförderung wohnen jetzt lauter kinderreiche Familien in meinem Haus. Dann habe ich noch einen Rasenmäher, einen Staubsauger und einen Porsche, damit habe ich wirklich Krach genug! Nur: Wenn ich den Stecker rausziehe oder den Motor abstelle, ist schlagartig Ruhe, das ist der Unterschied zu den Gören hier, die nicht schlafen gehen, wenn es längst Zeit dazu wäre, die lieber brüllen wie am Spieß. Das geht alles auf meine Kosten und Nerven. Die

Zeit, in der die halslosen Ungeheuer qualmvoll eingelullt wurden, ist vorbei, und ich kann meine Wohnung vergessen, werde aus meinem eigenen Eigentum vertrieben, lande im Exil draußen vor der Tür.

Aber das wird natürlich nicht verrechnet. Mit gutem Grund, denn da käme nämlich raus, dass ich als Kinderloser nichts abgeben, sondern – im Gegenteil – etwas bekommen müsste, und zwar nicht zu knapp. Aber darüber wird geschwiegen. Was würde mir nicht alles zustehen: Erstmal ein ordentlicher Schallschutz, dann Ferien zur Erholung und mindestens einmal im Jahr ein Kuraufenthalt zur Aufbesserung meines Nervenkostüms, aber vor allem: ein angemessener Ausgleich für die Minderung des Werts meiner Wohnung. Elternteile, die sich aus Langeweile bis nach Karlsruhe hochklagen, machen mir keine Angst.

Kinderkrippenkinder

Wer soll denn die Rente späterer Generationen zahlen? Etwa die Kinder, die jetzt schon keine Lust dazu haben, weil sie wissen, dass ihre Rente wiederum doppelt und dreifach von ihren Kindern gezahlt werden muss, weshalb die auch schon sauer und missmutig sind? Irgendwie ist der Wurm drin in der deutschen Fortpflanzung. Als ob sich Samen und Ei in der Erkenntnis zusammengefunden hätten, dass sich der Einsatz und die Arbeit nicht mehr lohnen, weil das Produkt sowieso keine Chance hat. Es muss sich bis in den Unterleib herumgesprochen haben, dass da keine freien und fröhlichen Citoyens mehr auf die Welt kommen, sondern bankrotte Kreditnehmer, die nicht mehr in die Kirche zur Taufe gebracht werden, sondern gleich zum Konkursrichter, um rechtzeitig die Pleite anzumelden, damit sie sich nicht der Insolvenzverschleppung schuldig machen, noch bevor sie überhaupt sprechen gelernt haben.

Zu wenig Nachwuchs also, eine große Armut an Kindern, nicht zu verwechseln mit Kinderarmut – wo ist die Lösung? Aus der Politik kommen durchaus Vorschläge. Sehr kreativ ist dabei Bundesfamilienministerin von der Leyen, Tochter des früheren niedersächsischen Ministerpräsidenten Ernst Keks Albrecht, von dem sie auch das optimistische Gipsgrinsen geerbt zu haben scheint. Sie selbst hat viele Kinderlein auf die Welt gebracht, ist also mit gutem Bauch vorangegangen, kann die Misere aber offensichtlich nicht allein durch eigenen Nachwuchs beheben.

Um eine bessere Kinderkrieg-Stimmung zu schaffen, schlug von der Leyen die sogenannte Kinderkrippe vor, eine Erbschaft aus dem zweiten deutschen Unrechtsstaat, denn in der DDR war nicht alles schlecht, auch abgesehen vom Grünen Pfeil für Leute, die bei Rot rechts abbiegen wollen. Dank der staatlichen Kinderkrippe weiß die deutsche Frau nun, dass sie trotz quengelndem Kind bald guten Gewissens in den Beruf zurückkehren darf, weil das Kind genauso gut unter seinesgleichen in der Kinderkrippe lernen kann, wie man sich im Leben durchsetzt, während sie, die Mutter, schnell wieder beruflich Anschluss finden und so die schönen Erinnerungen ans Mobbing auffrischen darf.

Eigentlich ein sehr guter Vorschlag, gegen den sich aber gerade im kirchlichen Bereich vehementer Widerstand regte. Der Augsburger Bischof Mixa meldete sich empört zu Wort – wobei ich mir zunächst dachte, wahrscheinlich ist der Name falsch geschrieben, denn bei dem Umfang an Unsinn, den sich der Kirchenherr geistig leistete und weiterhin leistet, müsste er eigentlich Maxi heißen. Dabei wollte Mixa nur korrekt sein und klarmachen, mit wie wenig Nachdenken und gedanklichem Aufwand man sich in Bayern als Bischof halten kann. Bischof Mixa also meinte, durch Kinderkrippen würde die deutsche Frau und Mutter zur Gebärmaschine herabgewürdigt.

Kein simples Denkmodell! Schon allein was die zeitliche Abfolge angeht. Vollziehen wir das Argument Schritt für Schritt nach. Die deutsche Frau wird, wenn sie ein Kind gebiert, deutsche Mutter, das ist also quasi ihre Stunde Null. Nach etwa zwölf Monaten hat sie dann die Möglichkeit, ihr Kind entweder in eine Kinderkrippe zu geben – oder auch nicht. Gibt sie ihr Kind nicht in die Kinderkrippe, bleibt sie deutsche Mutter – was denn sonst? Gibt sie es aber doch in die Kinderkrippe, mutiert sie im Nachhinein zur Gebärmaschine, eine Art mütterliche Transsubstantiation. Ganz genau gesehen, wird sie sogar zur gewesenen Gebärmaschine, die Mutation vollzieht sich also rückwirkend. Schon erstaunlich, was sich der Oberhirte aus Augsburg da ausgedacht hat. Ich erkundigte mich damals beim Vorsitzenden der deutschen Bischofskonferenz, ob das dogmatisch überhaupt hinzukriegen sei. Nicht einfach, war die Auskunft, aber mit einiger geistlicher Mühewaltung könnte man es schaffen. So etwas nenne sich dann reziproke Erbsensünde – die verpfuschte Zukunft als vorversündigte Vergangenheit.

Frühwarnsystem

Und dann die Verelendung der Kinder, die wachsende Kinderarmut! Immer mehr Kinder wachsen bettelarm und geistig mittellos auf und werden zusätzlich von überforderten Eltern gequält und misshandelt. Die Lösung, empfahl die Ministerin für Familie, sei auch da ein Frühwarnsystem – also nicht nur für schmutzige Bomben und Terroristen, sondern auch für werdende Familien, damit die Kinder künftig bei den richtigen Eltern entstehen, denn wenn das Kind von den falschen gezeugt wird, ist es ja oft schon in den Brunnen gefallen, bevor es überhaupt was vom Leben mitkriegen konnte.

Hier ist ein Frühwarnsystem gefordert, das diesen Namen tatsächlich verdient – anders als die Krebs-Früherkennung etwa, bei der der Krebs oft so früh erkannt wird, dass er schon richtig groß und daher gut zu sehen ist. Doch wann muss unser Frühwarnsystem mit der Warnung einsetzen? Gar nicht so einfach. Die Ministerin setzte daher ein Expertengremium ein, das der Frage nachgehen sollte: Wann beginnt das menschliche Leben überhaupt? Ein evangelischer Theologe, ein katholischer und ein jüdischer hielten Erörterungen darüber ab. Der evangelische Theologe führte aus, dass das menschliche Leben beginne, wenn der junge Mann mit der jungen Frau in die Disko und danach in die Vollen ginge. Der katholische Theologe war empört: Wozu habe denn der neue Papst die Verhütung erneut streng verboten? Das menschliche Leben beginne bereits mit dem Vorsatz der Absicht, es zu tun, deswegen spräche man doch von der Erbsensünde. Da war der jüdische Theologe ziemlich bedrückt. Werte Kollegen, meinte er, leider haben Sie beide keine Ahnung von dem anstehenden Problem – das menschliche Leben beginnt, wenn die Kinder aus dem Haus sind.

Anreize

Damit sind wir immer noch, das war auch der Ministerin klar, weit von der Lösung entfernt, weswegen Ursula, gefangen im bereits erwähnten Spannungsfeld von Kinderarmut und Armut an Kindern, herausfinden lassen wollte, wie man gebildetere junge Paare, also solche, die studieren und dadurch die

Chance haben, etwas mehr zu verdienen, aber wegen der Karriere wenig Gefallen an Küche und Kindern finden – wie man diese Paare, die den Zöglingen eine bessere Erziehung zuteilwerden lassen könnten, dazu bringt, bei der Liebe nicht nur die Kür der Lust abzugreifen, sondern danach auch die Pflicht der Zeugung zu erfüllen.

Dazu gab die Ministerin eine Langzeitstudie in Auftrag – im Universitätsinstitut für angewandte Sexualtechnik. Studentinnen und Studenten verpflichteten sich da mit ihrer Unterschrift, in entsprechender Arbeitskleidung experimentell mitzuwirken. So mussten sie sich unverzüglich ins Adams- beziehungsweise Evakostüm werfen, worauf sie mit Paketband aufeinander gewickelt wurden, damit sie nicht gleich wieder voneinander lassen konnten, nur weil die Lust abflaute – schließlich handelte es sich hier um eine Langzeitstudie! Sodann schob man die Studentinnen und Studenten in die Kernspintomographie-Röhre, um den Vorgang zu erforschen, und zwar nicht nur wann es schnackelt, sondern vor allem wie man den Zeugungsvorgang politisch, also kostenneutral, beeinflussen kann. Zur Luststeigerung hielt man ihnen aber nicht, wie noch damals bei Oswalt Kolle, Pornos von Beate Uhse vor, sondern Steuerfreibetragstabellen – um herauszufinden, wie tief das Niveau sinken muss, damit der Pegel steigt. Ich weiß nicht, wie es Ihnen geht, aber bei mir hat es noch nie die Lust beflügelt, wenn ich dabei ans Finanzamt denken soll.

Gesellschaft mit beschränkter Hoffnung

Ohnehin handelt es sich bei der Sache um einen alten Hut, der früher auf den Namen Ehegattensplitting hörte: Wenn man unter dem Dach des Staates in Form einer Ehe Kinder zeugte, konnte man Steuern sparen.

Das, sagte ich zu meiner Lebensmittelabschnittsgefährtin, ist für dich und mich zu kleinlich, wir wollen ja Kinder, aber nicht um buchhalterisch-freudlos zu sparen, sondern um saftige Gewinne zu machen. Also stifteten wir uns keine Ehe, sondern gingen miteinander eine GmbH ein, eine Gesellschaft mit beschränkter Hoffnung, die ein klar umrissenes Geschäftsziel besitzt: die Konstruktion, Produktion, Wartung und Pflege von Generationenvertrags-Partnern. Dieses Gewinnerzielungsziel reichten wir beim Finanzamt Köln-Nippes ein, wo es problemlos akzeptiert und abgestempelt wurde, wohl weil man annahm, es handele sich um Generatoren. Im Prinzip läuft es ja tatsächlich auf dasselbe raus, nur mit dem Unterschied, dass wir in der Produktionsphase und sogar danach alles absetzen können, jedes Rendezvous, jedes Essen, jede Matratze, jeden Urlaub. Es gibt praktisch keinen Lebensbereich, den wir nicht absetzen können. Wir haben uns sogar schon dreimal nach Spanien abgesetzt, als das Finanzamt zu neugierig wurde.

Normalerweise ein heikles Thema: Seitensprünge. Auch die setzen wir ab. Erinnern Sie sich noch an Bill Clinton? Der legte reihenweise Seitensprünge hin und versuchte, sie zu verheimlichen, was dann ans Tageslicht kam und äußerst peinlich wurde, weswegen man ihn beinahe aus dem Amt gejagt hätte. Nach seiner Amtszeit musste er dickste Schwarten an Memoiren zusammenschreiben, um überhaupt seine Rechtsanwälte bezahlen zu können. Wir dagegen verheimlichen Seitensprünge keineswegs – wenn wir denn überhaupt welche vorhätten, rein theoretisch und hypothativ natürlich –, sondern weisen sie ganz öffentlich in unserer Jahressteuererklärung aus, weil wir selbst diese Vorgänge steuergerecht definieren können: als innovativen Austausch mit anderen Fachleut-Innen der Branche.

Nun ist aber nicht der einfache Seitensprung gemeint, also

nicht der One-Night-Stand, für den man sich erst mal auf einer Tagung bis in die Nacht hinein schön trinken muss, um am Ende gar nicht mehr zu wissen, wer mit wem, und auch keine Aktion wie bei Boris Becker damals, tagsüber in der dunklen Wäschekammer, wo man erst weiß, wie die Partnerin aussah, wenn das Kind zwei Jahre alt wird. Nein, steuerlich lohnt sich das nur für einen richtigen Seitensprung in fünf Jahren – als Ansparabschreibung. Aber auch dabei gibt's ein Problem. Denn wenn sich das Ende dieser Zeitspanne nähert, ohne dass was gelaufen ist, wird der Steuerberater nervös und weist dringend darauf hin, dass jetzt wirklich was getan werden müsse, also ran, denn sonst könne das Finanzamt die bereits abgeschriebenen Beträge zurückfordern!

Kinder als Kostengangster

Unsere GmbH hat tatsächlich ein Produkt hervorgebracht. Junge oder Mädchen, das soll, haben wir stets gesagt, es einmal selbst entscheiden, wenn es achtzehn Jahre alt geworden ist und den Führerschein gemacht hat. Es hat sich dann für den Jungen entschieden, ist mittlerweile dreißig und hat sich in der Zwischenzeit, ich will Ihnen da nichts vormachen, betriebswirtschaftlich als reiner Kostengangster erwiesen. Verständlich, denn alleine kann er die Probleme der Globalisierung natürlich auch nicht beheben. Nur unser Steuerberater wurde da wieder reichlich ungeduldig und meinte, wir müssten mit dem Jungen doch langsam in die Gewinnzone kommen und schwarze Zahlen schreiben, sonst könnte das Finanzamt auf dumme Gedanken kommen und behaupten, er sei ja doch kein Produkt, sondern nur ein Hobby gewesen – ja, am Ende könnte das Amt noch das viele schöne, abgeschriebene Geld zurückfordern!

Der Junge hat praktisch alles versucht, um auf ehrliche Weise was zu verdienen, hat auch jede Menge Praktika absolviert, die ihm aber praktisch nichts eingebracht haben. Letztens war er dann noch mit einem Mitternachtsschlosser in ein paar Eigenheimvierteln unterwegs, was ihm aber auch nichts eingebracht hat, bis auf vier Wochen U-Haft. Gut, er konnte diese Erfahrung wenigstens als kostenlose Weiterbildung verbuchen, aber wir waren, das gebe ich durchaus zu, schon etwas verzweifelt.

Wertberichtigt

Aber dann kam uns die Erleuchtung: Wertberichtigung. Wir haben unseren Sohn wertberichtigt. Auf so eine tolle Idee kommt man nicht unbedingt von selbst, auch wir mussten uns erst von einem Fernsehbeitrag über den Düsseldorfer Prozess gegen Mannesmann inspirieren lassen. Mannesmann wurde, Sie werden sich erinnern, von Vodafone geschluckt, aber erst nachdem der Kurs von Mannesmann in schwindelnste Höhen getrieben worden war, so dass es sich für die Großaktionäre lohnte, ihre Aktien zu verkaufen. Vodafone musste, damit der Bluff nicht aufflog, für diesen riesigen Scheinwert zunächst sehr viel Steuern zahlen, verlangte dann aber, als der Firmenaufkauf auf seine reale Größe zurückschrumpfte, wie das gemeine Schweineschnitzel in der heißen Pfanne, das Geld zurück – durch eine Wertberichtigung. Die Kleinaktionäre und Steuerzahler fühlten sich betrogen und waren stocksauer. Wir nicht, denn wir übernahmen diese Idee und wandten sie auf unseren Sohn an.

Der ist jetzt also wertberichtigt, was bei uns zu Hause zu einem völlig beruhigten, angenehmen Klima geführt hat, denn unser Sohn ist jetzt viel gelassener, hält seine miese Lage besser aus und läuft eben nicht Amok oder erschießt den saturierten Nachbarn, wenn der mit seinem übermotorisierten Laubgebläse unser Gehör terrorisiert und noch dazu lautstark brüllt: »Na, fauler Sack! Endlich Arbeit gefunden?« Im Gegenteil, wenn unser Sohn um zwölf Uhr mittags immer noch nicht seine Füße vom Küchentisch genommen hat, maule ich nicht wie früher rum, nein, ich schäume ihm den dritten Cappuccino auf, denn ich bewundere die Kraft seiner Geduld, seiner Seelenstärke, wie er so dasitzt und auf den Geldbriefträger mit der Rücküberweisung vom Finanzamt wartet.

Modell Arbeiter-Aktie

Auch wenn dem deutschen Unternehmer, der bisher sein Brot im Schweiße unseres Angesichts verdient hat, die deutsche Arbeitskraft zu teuer wird und er sie lieber im Industriestandort Deutschland wie herrenloses Gut rumgammeln lässt, sollten wir nicht jammern und picheln, sondern hammern und sicheln. Und vor allem selbst zugreifen.

Denn, Kolleginnen und Kollegen, die deutsche Arbeitskraft ist heute preiswert wie noch nie, und derart billige Aktienanteile am Volk, wie sie im Moment zu haben sind, kriegen wir so schnell nicht wieder. Also nehmt, was ihr kriegen könnt!

Nicht dass ihr jetzt was Falsches denkt: Es geht hier nicht um feindliche Übernahmen durch Heuschrecken. Solche krummen Dinger kriegt ihr mit euch selbst doch viel besser hin – aber als freundliche Übernahme. Kauft euch auf! Werdet Aktionäre an eurer eigenen Schaffenskraft und sichert euch jetzt schon Optionsscheine an eurer Wertsteigerung!

Was sollen die Demonstrationen gegen die Deutsche Bank? Holt euch den Kredit bei euch selbst und kauft euch auf Pump. Noch seid ihr ein Schnäppchen, weil euch keiner haben will, aber dann regt sich die Nachfrage, der Turnaround kommt, morgen schon seid ihr der Geheimtipp und alle schnappen nach euch. Dösig und dümmlich dümpelt der Dax in diesen Tagen, doch bald boomt es an der Börse, und die Spekulanten reiben sich die Augen. Also, schimpft nicht auf sie, sondern macht euch ihre Gier zunutze, und wenn sie dann auf euren Zug aufspringen wollen – lasst sie bluten und blechen!

Los geht's: Optionsscheine ersteigern! Preiswert und billig im Angebot – Zum Ersten! Zum Zweiten! Zum Dritten! – ein Sack Arbeiter zu verkaufen! Da heißt es zuschlagen, da heißt es mitmachen.

Und wenn der Kurs ganz oben ist – was dann? Verkaufen! Endlich könnt ihr die Mitnahmegewinne realisieren! Und wo man früher sagte: »Nur wenn es dem Arbeitgeber gutgeht, kann es auch dem Arbeitnehmer gutgehen«, heißt es ab jetzt: »Nur wenn es uns gutgeht, kann es auch uns gutgehen.«

Gewinnbeteiligung im Gesundheitswesen

Selbst die Leiden, mit denen ich geschlagen bin, bringe ich jetzt als Aktivposten in den Gesundheitsmarkt ein. Fortan schlage ich aus ihnen Kapital! Ich schlage zurück! Das Prinzip der durch Beiträge finanzierten Krankenkasse halte ich sowieso für überholt.

Mit meiner Staublunge, meiner Herzrhythmusstörung, meinem Hüftschaden, meiner maroden Milz, meiner lädierten Leber und und und bin ich gesundheitlich gesehen ein absoluter Minus-Mann. Ein übergroßer Kostenfaktor, ein »schlechtes« Risiko, wie man solche Typen im Fachjargon nennt. Von den Krankenkassenvertretern erfährt man ja umso mehr Ablehnung, je stärker man auf Hilfe angewiesen ist.

Aber ich bin nicht untätig geblieben und habe stetig versucht, neue Geldquellen zu erschließen, denn wer liegt schon gerne anderen auf der Tasche, zumal in einer Solidargemeinschaft? Zunächst wollte ich mich einigen klinischen Studien zur Verfügung stellen, weil ich mir dachte, vielleicht nützt das uns beiden was, mir und der Kasse. Meine Chance, das wirksame Medikament zu bekommen und nicht das Placebo, stand fifty-fifty, also nicht besonders gut, und wenn ich das Medikament bekommen hätte, hätte ich wieder bestenfalls eine fifty-fifty Chance gehabt, mein Leben damit ein bisschen zu verlängern – im günstigsten Fall standen meine Chancen also zusammengenommen nicht besser als 25 Prozent. Und dazu Haarausfall, Übelkeit und Kotzen?

Nein danke!

Also habe ich lieber meinem Herz-/Lungenspezialisten geschrieben, dass ich mich als Zwischenträger seiner korrupten Nebeneinnahmen zur Verfügung stelle, allerdings unter der Bedingung, dass er mich mitverdienen lässt. Er darf nun alles in mich einbauen, was die Gerätemedizin an überzogenen Leistungen hergibt. Je teurer und skrupelloser, desto besser. Er muss lediglich Pacht und Miete zahlen für die Hightech-Teilchen, die er in meinem Körper zwischenlagert, zum Beispiel indem er mir eine überteuerte, weil schon zum dritten Mal eingesetzte Herzklappe als notwendige Reparatur meiner Pumpe verschreibt, so dass ich diese Ausgabe von 10 000 Euro voll als Verlust von der Steuer absetzen kann. Aber auf dieses Geschäft lasse ich mich nur ein, wenn mein Arzt mich zusätzlich an seinen sonstigen Schweinereien beteiligt und mir eine Rückzahlung in Höhe eines Drittels meiner Gesamtkosten garantiert, bar auf die Kralle oder gleich nach Liechtenstein transferiert, und auf jeden Fall steuerfrei.

Außerdem habe ich den genetischen Code meiner Leiden patentieren lassen und die Lizenzen vergeben, also zwei Fliegen mit einer Herzklappe geschlagen. Und weil meine bucklige Verwandtschaft rattenscharf ist auf mein Testament, weil sie es kaum abwarten kann, dass ich abkratze, obwohl da eigentlich nichts zu holen ist, habe ich mich für alle Eventualitäten doppelt gegen- und rückversichert. Einerseits habe ich Optionsscheine auf mein Sterbedatum verkauft, andererseits sogenannte Puts und Terminscheine auf mein Weiterleben, und zusätzlich ein paar Calls, so dass es völlig egal ist, was ich mache, ich kassiere in jedem Fall, und zwar doppelt.

Meine verwertbaren Teile, wie Leber, Milz, Niere und Hornhäute, habe ich einem Organmakler anvertraut, und der hat sie an der Organbörse notieren lassen. Glauben Sie mir, da lässt die Spekulation den Weizen blühen, da wird einiges zusammenkommen. Insgesamt kann ich sagen: Je schlechter ich dran bin, desto besser geht's mir. Und das Beste daran ist, Ihnen könnte es genauso gehen!

Luststeuer

Apropos Bedarfsgemeinschaft: Das Schuldenkomitee Köln-Nippes hat einen supergeilen Vorschlag entwickelt – die Luststeuer! Nein, die wird nicht nur auf die Liebe auf dem Strich oder im Eros-Center erhoben, sondern auch auf die in der Ehe, und zwar nach Strich und Faden. Schließlich stellt Liebe im häuslichen Schlafzimmer eine unternehmerische Tätigkeit dar.

Überlegen Sie mal. Da laufen Liebe und Geschlechtsverkehr seit Jahrhunderten als Schwarzarbeit, als Schattensex am deutschen Staat vorbei, wodurch diesem Milliarden entzogen werden! Warum man da noch keine Vergnügungssteuer verlangt hat, ist klar: Man geht davon aus, dass Liebe in der Ehe eine Pflicht ist, und wenn man sich die Volksvertreter im Bundestag so ansieht, ist klar, wie die darauf gekommen sind. Aber diese trüben Zeiten sind doch seit Beate Kolle und Oswalt Uhse längst vorbei. Also, besteuern wir nicht nur den Table-Dance in der Kaschemme, sondern auch den Quicky auf dem Küchentisch! Dann kommt wieder Schwung in die abgetakelten Partnerschaften, dann wird die Ehe endlich als Arbeit akzeptiert, mitsamt Zutritt zur Erbarmer Ersatzkasse, und alles voll absetzbar – Schulden, die geil machen und für Steuergerechtigkeit sorgen. Daher vielleicht auch das Wort »gesundstoßen«!

Simulant & Sozilant – die wahren Leistungsträger

Der eigentliche Leistungsträger dieser unserer Zeit, der nicht erst diese Krise mit Haltung und Anstand gemeistert hat, ist doch eigentlich immer noch der, der es aushält, dass er nichts leistet. Und das nicht etwa, weil er nicht will, sondern weil man ihn nicht mehr will, weshalb man ihn nicht mehr lässt. Diese Millionen unschuldig von ihrem Arbeitsplatz getrennten, quasi arbeitsamputierten Mitbürgerinnen und Mitbürger, das sind die eigentlichen stillen Helden der Gegenwart! Wie viel Energie aufgebraucht und verschwendet wird, um bei ihnen die äußere und innere Ruhe zu bewahren! Hut ab! Diese Mitmenschen vollbringen eine große seelische Leistung.

Nehmen Sie einfach mal den normalen, versoffenen Sozialhilfe-Schnorrer – wenn irgendjemand Leistungsträger ist, dann er! Kassiert Sozialhilfe – und? Was macht er damit? Behandelt diese kleine Summe mit einem Höchstmaß an gesellschaftlicher Verantwortung! Er rächt sich nicht etwa an dem Kleingeld, mit dem man ihn abspeist, und bunkert es auf irgendwelchen Konten, auf denen es in Zinsknechtschaft dahinvegetiert. Nein, er bringt das Geld großzügig, wie er ist, sofort wieder in den Wirtschaftskreislauf ein, und zwar ohne Umwege, ohne großes Gewese gleich an der Ecke in seiner Stammkneipe. Alles, damit Bier, Schnaps und Spielautomat ins Laufen kommen. Leute wie er rackern sich den ganzen Tag am einarmigen Banditen ab, um im Training zu bleiben und den Staatshaushalt zu stabilisieren.

Hier werden Hochleistungen im wirtschaftlichen Halbschatten vollbracht. Und Sie können sicher sein: Es macht auch nicht immer Spaß, mit dem einarmigen Stemmen von Pils und Korn die Hoffnung hochzuhalten, während man gleichzeitig das Schicksal unter den Tisch saufen muss.

Köhler-Glaube

Die Glaubwürdigkeit der Freiheit ist messbar:
in unserer Fähigkeit, Chancen zu teilen.
HORST KÖHLER

Bewährungsreform

Wo Hopfen und Malz verloren ist, hilft oft der Glaube, denn der ist höher als alle Vernunft. Es gilt die Devise: Wenn man schon die Wirklichkeit nicht verbessern kann, sollte man wenigstens die Kräfte stärken, die sie erträglich machen.

Dazu braucht man keine Interessen, sondern Gefühle. Also brauchen wir auch keine Interessengemeinschaft, sondern eine Gefühlsgemeinschaft beziehungsweise eine Empfindungsgemeinschaft. Die trägt weiter als die Interessengemeinschaft, das können Sie mir glauben – was nützen schließlich die schönsten gemeinsamen Interessen, die es so auch gar nicht gibt, wenn sie nicht gemeinsam gefühlt und empfunden werden? Das einzige gemeinsame Interesse ist ohnehin Deutschland. Und das muss funktionieren!

Eines muss klar sein, die historische Aufgabe dieses Landes ist gigantisch. Die alles bestimmende Frage lautet: Wie bringen wir die Deutschen dahin, dass sie mal wieder so richtig lustvoll bei ihrer eigenen Verarschung mitmachen, und das bei vollem Bewusstsein und ohne örtliche Betäubung? Sprich, wie können wir den Sozialstaat abschaffen, und zwar ratzeputz weg abschaffen, aber gleichzeitig das Gefühl, in einem Sozialstaat zu leben, erhalten und sogar ausbauen?

Nach dem Krieg waren die Deutschen aufgerufen, ihr Schicksal wieder in die eigenen Hände zu nehmen. Heute kann man sich gar nicht mehr vorstellen, wie bei dieser Nachricht Aufschreie der Empörung, Stöhnen vor Entsetzen, Rülpser des Ekels, der Abscheu und des Selbstmitleids durch die Trümmer jaulten.

»Wat? Ick soll mein Schicksal in die eigenen Hände nehmen? Ja entschuldigen Se mal, wer bin ick denn? Det ham wa ja noch nie gemacht. Jeder ist seines Glückes Schmied, das ist in Ordnung, aber wo war da von Schicksal die Rede? Ick und Schicksal, so weit kommt's noch! Det muss man sich mal überlegen, mal auf der Zunge zergehen lassen: Schicksal in die eigenen Hände … Igitt!« Ein Volk, das sich schon als junge Nation, und die Deutschen sind eine junge Nation, vor dem eigenen Schicksal geekelt hat wie der Mensch vor der eigenen Scheiße, ein solchermaßen geprüftes Volk darf man nicht sich selbst überlassen. So ein Volk gehört in Behandlung! Und die gabs auch in Form der Währungsreform – Alle mal anpacken! Damals gab es Geld für alle, heute gibt's stattdessen heiße Luft: Das ist die Bewährungsreform! Man muss auch hier nur daran glauben.

Wie wichtig die Kraft des Glaubens ist, zeigt sich besonders, wenn harte Prüfungen anstehen, wie neulich bei Nokia in Bochum. Freilich sollte man nicht verhehlen, dass dieser Schicksalsschlag so plötzlich auch wieder nicht über das Land gekommen sein konnte. Die IG Metall bekommt doch mit, wo sich was verschiebt, genauso die Landesregierung mit ihrem Wirtschaftsministerium oder die Industrie- und Handelskammer in Bielefeld, aus dem das Bauunternehmen stammt, das den neuen Industriepark in Rumänien errichtet hat. Warum tat man also so, als sei der Tod der Arbeitsplätze aus dem Nichts gekommen?

Nun, es ging hier eben zu wie im wirklichen Leben: Wenn man jemanden kennt, der es wohl nicht mehr lange machen wird, wird man diesem Menschen doch nicht schon sein Beileid ausdrücken, solange er noch auf den Tod wartet? Nein, man wahrt den Anstand und wartet seinerseits, bis der Löffel tatsächlich abgegeben wurde. Genauso verfährt man mit sterbenden Arbeitsplätzen.

Köhler-Glaube

Aber diesen notwendigen Glauben gibt es! Es ist der altbekannte Köhler-Glaube, der von unserem Präsidenten-Propheten und Prediger Horst wieder verkündet und vertreten wird.

Wenn man die Bezeichnung »Staatsoberhaupt« in Bezug auf Bundespräsident Köhler ernst nehmen will, und das sollte man, dann ist das, was sich in seinem Haupt abspielt, bezeichnend für das, was er glaubt und uns als Staatsbürgern glauben machen will. Horst Köhler, diese Kröne der Schröpfung, diese charismatische Kombination von Schupo und Schuhvertreter! Ein Mann wie Tchibos beste Bohne, ein Libero des Lächelns mit aufgeklebtem Grinsoptimismus.

Köhler spricht zu den Bürgern, als ob sie ein bisschen doof wären. Und das wird man auch, wenn man ihm zu lange und zu oft zuhört.

Was aber ist der Köhler-Glaube konkret? Wozu bekennt er sich? Wie lauten seine Glaubensartikel?

Als Köhler im Jahre 2004 als frisches Kaninchen von Merkel und Westerwelle aus dem Hut gezaubert wurde, designiert, aber noch nicht gewählt, sagte er: Wenn er denn einmal gewählt werden würde, und er wurde es ja, dann, das wäre Teil seiner Vision, müsse Angela Merkel Kanzlereuse werden. In dieser Funktion, so Köhler weiter, müsse sie sich an Maggie Thatcher messen lassen, der Eisernen Lady, der vormaligen Domina der Downing Street.

Das also war Köhlers Traum – Englands Eiserne Lady erfährt im Zuge einer politischen Seelenwanderung ihre CDU-Wiedergeburt als eiskalte Angie, mit dem Erscheinungsbild einer vorpommerschen Kampfkartoffel.

Um seiner und Merkels Person und beider Anliegen gerecht zu werden, sollte man die Entscheidung für Köhler als Bundespräsidenten aus Sicht der Kanzlerin betrachten. Warum hat sie mit Westerwelle, der dann an der Ernte erstmal nicht beteiligt wurde und leicht vergrätzt wirkte – wie ein Herrenreiter, dem man das Pferd nicht mehr sattelt –, warum hat Merkel, damals noch nicht Kanzlerin, aber bereits CDU-Vorsitzende, Köhler überhaupt für sich entdeckt und aufs Tapet gebracht?

Man wolle und dürfe, muss Frau Merkel sich seinerzeit gesagt haben, die globale Anpassung, die unter Verhunzung des Begriffs »Reform« als Agenda 2010 auf den Markt gebracht worden war, nicht diesem großmäuligen Gerhard Schröder überlassen. Auch die Hartz-Pakete seien schließlich nicht auf dessen Mist gewachsen, das war der Mist von Helmut Kohl, der damals, als er 1983 zum Kanzler gewählt wurde und Merkel selbst noch Agitprop-Leiterin der FDJ in ihrem SED-Bezirk war, mit dem Programm einer »geistig-moralischen Wende« vor die Deutschen getreten war. Die Deutschen sind eigentlich ziemlich einfach zusammengebaut, da haben wir die Besserverdienenden und die, die es noch nicht besser verdient haben, und um Letztere ging es bei seiner Parole: Die sollten nach der »geistig-moralischen Wende« mit dem zufrieden sein, wovon sie demnächst noch weniger haben würden.

Doch bei Kohl klappte es mit dieser Wende nicht so richtig – verständlich, aus der Sicht von Frau Merkel, denn wie soll jemand glaubwürdig Wasser predigen, der währenddessen genussvoll Pfälzer Silvaner schlotzt und sich mit Saumagen an die Grenze seines körperlichen Fassungsvermögens bringt?

Außerdem nahm ihn diese andere Wende zunächst voll in Anspruch, und hernach musste er Ehrenworte reimen, zu denen ihm auf Teufel komm raus keine Gedichte einfielen. Aber, sagte sich Merkel, die Idee war wirklich nicht schlecht, die sollten wir nicht nur aufgreifen und fortsetzen, nein, diese Idee sollten wir steigern! Und, sagte sie sich, was ist die Steigerung von Kohl? Köhler!

Aber jenseits billiger Kalauer war Horst Köhler auch von seinem beruflichen Werdegang her für diese Aufgabe prädestiniert. Um ihm und seinem hohen Amt gerecht zu werden, wollen wir seine Fähigkeiten und Qualifikationen nicht unter den Scheffel stellen.

»Sturzgeburt« ist seine eigene Bezeichnung für das, was er, Köhler, als wesentlichen Beitrag zur deutschen Einheit geleistet hat: Bei der Währungsunion erbrachte er, folgt man seinen Worten, sein Gesellenstück als Kurpfuscher. Damals, vor zwanzig Jahren, war Köhler als Theo Waigels Finanzfachmann ja auch der geistige Sherpa Helmut Kohls, wenn der sich auf den G7-Gipfeln mal wieder geldpolitisch soufflieren lassen musste.

Als dann Schäuble mit Krause den Einheitsvertrag ausbaldowerte, stießen sie auf ein Problem: Zu welchem Wechselkurs sollte man den Alu-Chip-Ost gegen die harte Demark-West umtauschen? Oskar Lafontaine, der damals den historischen Prozess bremsen wollte, wurde als Dummkopf hingestellt, und Schäuble rief seinen schwäbischen Nachbarn Köhler an: Horst, was würdest du da empfehlen?

Da würde ich sagen, war Köhlers Antwort, eins zu eins!

Wieso?, fragte Schäuble nach.

Ja weisch, lautete Köhlers Begründung, dann rechnet sich des schneller!

So wurde es gemacht, und das war dann die Grundlage, auf

der Kohl den beigetretenen Ländern »blühende Landschaften« verheißen konnte.

Denn die Ossis – Sie werden sich erinnern: unsere ehemaligen Brüder und Schwestern – mussten ein hartes Schicksal hinter sich bringen. Die Treuhand fuhr mit ihnen reichlich brutal Schlitten, nach dem unverantwortlichen Motto: »Was haben ein Ossi und ein Hühnerei gemeinsam? Man kann sie beide in die Pfanne hauen! Und wo ist der Unterschied? Beim Ei geht's nur einmal.«

Da besaßen sie in der ehemaligen DDR große Errungenschaften im technischen Bereich, zum Beispiel hatten sie, wie der Berliner Historiker Arnulf Rating festgehalten hat, bei der volkseigenen Technologie-Firma Robotron den größten Mikrochip der Welt entwickelt. Doch mit einem Wechselkurs von eins zu eins war das Zeug nicht mehr zu verkaufen, ging nicht mal mehr als Silvesterscherz über den Tresen, es knallte kein bisschen, sondern sah nur noch blöd aus, so dass die Firmen reihenweise zusammenbrachen, und aus den Betontrümmern erblühten Brennnesseln, Sauerampfer und Pusteblumen – blühende Landschaften. Ein Wendewunder, an dem Köhler, das kann man ihm nicht streitig machen, wesentlich beteiligt war.

Köhlers Lehrzeit als Präsident des Deutschen Sparkassen- und Giroverbandes können wir ruhig unterschlagen – seine eigentlichen beruflichen Fähigkeiten zeigte er mit seiner Meisterprüfung als überaus geschätzter internationaler Kredithai mit der Kraft fürs Grobe: Bevor er Staatsoberhaupt wurde, war er als Chef des Weltwährungsfonds tätig, eines allseits bekannten und berüchtigten Kreditvergabe-Unternehmens.

Der Weltwährungsfonds bildet zusammen mit der Weltbank den Zangengriff, in dem unterentwickelte Länder und Völker aus dem Schoß ihrer Rückständigkeit in die Entwicklung der modernen Welt gezerrt werden. Zu diesem Zweck bekommen sie Kredite, allerdings unter der Auflage, sogenannte »strukturelle Anpassungen« vorzunehmen, damit wir, die Kreditgeber, auch was davon haben: So werden die Kreditnehmer verpflichtet, das teure Geld nicht für Bildung und Soziales zu verplempern, damit für Rüstungskäufe, Schmiergeld und Privatschatullen auch was übrig bleibt..

Köhler kennt die Mechanismen und Tricks des Geldgeschäfts also aus dem Eff-Eff. Er hat gelernt, das Elend, das der eigene Verein zu verantworten hat, mit Worten und Phrasen zu lindern. Köhler kann Elend ertragen – lassen. Als oberster Währungsmeister hat er zudem die Welt gesehen, so dass er globale Vergleiche ziehen kann. Entsprechend musste er dann als Präsident des deutschen Volkes schnell erkennen, dass wir hier auf viel zu hohem Niveau jammern. Wir sollten uns, empfahl er, ein Beispiel an der deutschen Trümmerfrau nehmen. Eigentlich eine Frechheit, wenn man sich die Nöte der Hungerwinter nach dem Krieg vor Augen hält, aber für mich persönlich kein Problem, ich wurde ja noch im Krieg geboren – im Zweiten, nicht im Ersten – und meine Großmutter hat mir damals schon geraten: »Spare in der Not, dann hast du Zeit dazu.«

Zurück zu Köhler. Wo sind die Trümmer, die man für die rechte Trümmerfrauenmentalität bräuchte? Der Präsident meinte natürlich, wir Deutschen hätten ein Gefühl des Zupackens und Aufbauens nötig, ein Gefühl wie nach dem Krieg, aber es wäre toll, wenn wir das ausnahmsweise ohne Krieg hinkriegten. Wir sollten uns ein Beispiel an den Bimbos in Bangladesh nehmen, die ließen den Kopf ja auch nicht hängen.

Um das zu kontrollieren, flog ich sofort dorthin – und siehe da, es stimmte. In Bangladesh war gerade Überschwemmung, denen stand das Wasser Oberkante Unterlippe, die konnten den Kopf gar nicht hängen lassen. Nur war das keine freiwillige Leistung, sondern Ergebnis einer Tsunami-Erpressung.

Wie dem auch sei, an den Köhler-Glauben und seine Artikel sollten wir uns halten. Wenn Köhler diesen Glauben verkündet, vor allem in seinen Berliner Reden, den Nachfolgemodellen der Ruck-Reden seines Vor-Vorgängers Roman Herzog – wenn er so den Deutschen ins Gewissen predigt, blinzelt er dauernd etwas eigenartig, weshalb ich mich immer frage, wo das Problem liegt. Wackelt der Teleprompter? Jucken die Haftschalen?

Für die Antwort muss man etwas weiter ausholen. Also: Verständlicherweise spricht Köhler als Präsident vor allem zu den besseren Deutschen, also zu den Besserverdienenden, den Arbeitgebern, und in der ersten Reihe sitzt entsprechend meistens ein Hundt, ein ziemlich harter Hund mit »dt« am Ende: der deutsche Arbeitgeberpräsident, der ebenfalls aus dem Ländle kommt. Das alles kann kein Zufall sein, war mein Verdacht, und so habe ich durch akribische Recherche herausbekommen, was Köhler eigentlich treibt, wenn er bei seinen Reden kontinuierlich blinzelt – er morst. Und zwar zum Arbeitgeberpräsidenten Hundt runter. Was er beim Reden morst? Wer das Morsealphabet etwas besser beherrscht, vor allem rückwärts, kann entziffern: »Herr Arbeitgeberpräsident, kann ich das so ausdrücken, wie Sie es formuliert haben wollten?«

Man könnte auch sagen: Bei diesen Reden wedelt der Hundt mit dem Köhler.

Vorfahrt für Arbeit

Entscheidend ist aber, was Köhler sagt, und er sagt: »Vorfahrt für Arbeit!« Das begeistert. Endlich einfache Abhilfe für die vielen fehlenden Arbeitsplätze – man muss nur warten, bis die

Ampel auf Grün schaltet, und schon kommen sie angebraust, die Arbeitsplätze. Nun gut, so einfach kann es sich unser Prediger-Präsident nicht gemacht haben, deswegen sollte man sich die Rede nochmal im Internet reinziehen, und richtig, da steht auch nicht »Vorfahrt für Arbeit!«, sondern »Absolute Vorfahrt für Arbeit!«. Das heißt, die Arbeit darf auch bei Rot über die Kreuzung brettern – so wird schon eher ein Schuh draus.

Seitdem fahre ich, wenn ich mit meinem Auto in Köln-Nippes an der Ampel stehe und hinter mir das Lalü-Lala ertönt, immer sofort zur Seite, weil ich denke, dass jetzt die Arbeit vorbeigebraust kommt. Meistens ist es aber nur der Krankenwagen vom Arbeitersamariterdienst, was verständlich ist, denn die Arbeit geht mit ihrer absoluten Vorfahrt doch nicht das Risiko ein, an einer Ampel warten zu müssen, bis es Grün wird, um sich am Ende noch in den innerstädtischen Stau zu quetschen. Bei absoluter Vorfahrt fährt die Arbeit kreuzungsfrei auf den Autobahnen! Gib Gas, ich will Spaß! Tempo, Karacho, Speed! Nur darf man sich nicht wundern, dass die Arbeit bei so viel Gas geben auch einen sehr langen Bremsweg hat und erst im hintersten Polen, in Tschechien oder, wie neulich bei Nokia, in Rumänien zum Stehen kommt.

Arbeit anehmen

»Sozial ist, was Arbeit schafft« – klingt eigenartig, früher hätte man formuliert »Sozial ist, wer Arbeit schafft«, also eine Person, »er« oder »sie«, aber nun ist es ein »es«, also ein »was«. Nur was kann es sein, wenn nicht mehr jemand, sondern etwas Arbeit schafft? Die Antwort auf diese Frage ist in drei besonderen Köhlerschen Glaubensartikeln formuliert: Flexibilität, Mobilität und Senkung der Lohnnebenkosten. Diese drei schaffen Arbeit und sind deswegen sozial. Alles andere, also keine Flexibilität, keine Mobilität und keine Senkung der Lohnnebenkosten, ist daher asozial.

Alle sind gefordert, wenn wieder Arbeit geschaffen werden soll. Am wichtigsten ist dabei, dass Arbeit wieder angenommen wird. Auch Bundesregierung und Bundespräsident nehmen Arbeit an. Also muss auch der Arbeitslose die Arbeit annehmen, von der Bundesregierung und Bundespräsident annehmen, dass es sie gibt. Denn entscheidend ist nicht die Existenz der Arbeit, sondern ihre Annahme.

Wenn sich der Arbeitssuchende aber weigert, die Arbeit anzunehmen, von der die Bundesregierung annimmt, dass es sie gibt, weil er am Ende meint, es gäbe sie gar nicht, ist dies auch eine Annahme, aber eine falsche, also ein Gerücht. Nur muss sich der Arbeitssuchende dann fragen lassen, ob er die Arbeit nur deswegen nicht angenommen hat, weil es sie gar nicht gibt – das könnte man gerade noch annehmen, also hinnehmen –, oder ob er die Arbeit etwa deswegen nicht angenommen hat, weil er angenommen hat, eine Arbeit, die es gar nicht gibt, sei nicht annehmbar, also nicht zumutbar. Damit hätte er aber gegen alle verschärften Regelungen von Hartz IV und ALG II verstoßen und dürfte keinerlei Leistungen mehr beziehen, denn es heißt ja nicht umsonst: »Flexibilität! Mobilität! Senkung der Lohnnebenkosten! Sozial ist, was Arbeit schafft!« Da geht es nicht nur ums Mitmachen, sondern auch ums Mitwollen. Wer will, der kann, und wer nicht kann, der will nicht, und wer nicht will, der kann uns mal, und das kann nun wirklich keiner wollen.

Bei seiner letzten Berliner Rede vor seiner Wiederwahl als Staatsoberhaupt verkündete Köhler: »Die Glaubwürdigkeit der Freiheit ist messbar: in unserer Fähigkeit, Chancen zu teilen. Im Innern. Und nach außen.« So stark, wie er dabei blinzelte, nahm man ihm ohne weiteres ab, dass er sich selbst Mut zufunken musste, um glauben zu können, was er damit meinen wollte.

So ein Satz ist, das muss man zum Schutz der Institution Bundespräsident sagen, der Würde dieses hohen Amtes nicht angemessen. Wer hat Horst Köhler diesen unsäglichen Schmonzes nur aufgeschrieben? War dem Schreiberling bewusst, wie viele Lügen er allein in die ersten drei Worte reingepackt hatte? Wie konnte Köhler diese gedankliche Verschmutzung nur in den Mund nehmen?

Ja, Freiheit mag messbar sein – wie viel Gleichberechtigung existiert, wie viel Pressefreiheit, welche Qualität an Grundrechten, daran kann man das Maß der Freiheit sicher ablesen. Aber die »Glaubwürdigkeit der Freiheit« messen? Was will man denn da wie messen? Schon die Glaubwürdigkeit an sich, ein äußerst unangenehmes Wortungetüm, ist doch nicht messbar! Den Glauben, also was man glaubt, könnte man vielleicht noch an der Anzahl von Dogmen, Geboten und Glaubensartikeln messen, denen man folgt. Aber bei »glaubwürdig« wird's mit dem Messen schwierig. Man kann höchstens prüfen, ob das, was glaubwürdig daherkommt, auch tatsächlich stimmt, also in engerem Kontakt zur Wirklichkeit steht. Aber Glaubwürdigkeit selbst ist immer eine Frage des Scheins und Anscheins. Soll man nun messen, ob man einen Anschein so überzeugend erzeugen kann, dass er es wert ist, geglaubt zu werden? Geht es darum, wie schlau, clever, wortreich und so weiter einer daherreden muss, damit ich ihm glaube, egal ob stimmt, was er sagt? Misst man also, wie glaubwürdig einem der Anschein der Freiheit beispielsweise in der DDR oder auf Guantanamo eingeschenkt wird? Und einen solchen Zustand bezeichnet man dann mit der sprachbürokratisch kaum zu überbietenden Verbalvergewaltigung »Glaubwürdigkeit«? So ist Glaubwürdigkeit schlussendlich nur noch ein Treuhand- oder Anderkonto für alles, was geglaubt werden soll.

Ist das schon toll genug, nimmt der Wahnwitz mit der Fortsetzung noch Tempo auf: »... in unserer Fähigkeit, Chancen zu teilen ...« Da wird doch der Hund in der geistigen Pfanne verrückt! Eine Fähigkeit kann man messen, zum Beispiel die Fähigkeit, weit zu springen, und zwar in Längeneinheiten, oder die Schnelligkeit, und zwar mit einer Stoppuhr. Aber eine Fähigkeit selbst zur Maßeinheit zu mogeln, erfüllt den Tatbestand der Vernebelung und Verquasung, was gerade beim Thema Freiheit extrem verdächtig ist. Aber hier geht's auch noch um die Fähigkeit, Chancen zu teilen. Normalerweise »lässt« man jemandem eine Chance, oder man »gibt« sie ihm, dem Mittellosen beispielsweise, der studieren will, obwohl er das Geld für die Studiengebühren nicht aufbringen kann. Aber eine Chance teilen – qu'est-ce que dat dann? Du hast keine Chance, also nutze sie, sonst musst du sie mit anderen teilen? Soll man die Chance etwa wie einen Kuchen teilen? Für den einen alles, für die anderen Pustekuchen? Oder wie? Give peace a chance – wie soll man so was teilen? Eine solch knappe Chance auch noch teilen zu wollen, hieße bluffen, heucheln, antäuschen.

Eines fällt auf: Bluffen, Heucheln, Antäuschen – das sind alles Fähigkeiten, die man in erster Linie beim Glücksspiel braucht, bei Poker oder Blackjack, wo die Chancen mit den

Karten verteilt werden, oder beim Lotto, wo man sich in einer Tippgemeinschaft die Chance 1:1,9 Millionen mit zwei oder vier Mitmenschen teilen darf. Aber egal wie viele Mitglieder so eine chancenteilende Hoffnungsgruppe zählt, sie, die Chance, bleibt immer bei 1:1,9 Millionen. Beim Pferderennen ist es ähnlich – je mehr Leute sich die Chance teilen, dass der Galopper Tannenzapfen als Sieger durchs Ziel geht, desto geringer wird die Quote, aber die Chance, also die Siegchance des Rennpferds, bleibt davon unberührt. Diese Chance steigt aber, je weniger Konkurrenten sich die Chance teilen, überhaupt an dem Rennen teilzunehmen. Je weniger an den Start gehen, desto größer ist die Chance und desto weniger wird sie geteilt. Das Problem dabei ist, dass es bei uns grundsätzlich an Chancen mangelt. Keine Chance haben und die auch noch mit möglichst vielen teilen – wer das freiwillig macht, beweist allerdings eine große Fähigkeit zur freiwilligen Selbstverarschung.

Fehlt noch »Im Innern. Und nach außen« – diese Worte vermitteln globalisierte Vollständigkeit und zeigen, dass Köhler nicht umsonst Chef des Internationalen Währungsfonds war. Welch Glück, dass er nun seine Erfahrungen in die Messbarkeit der Glaubwürdigkeit der Freiheit der Chancenteilung einbringen kann.

Predigt

Wissen Sie, das Problem dabei ist doch Folgendes: Entweder alle Armen dieser Erde werden so reich wie wir. Oder? Gute Frage! Oder wir werden so arm wie alle anderen, also so arm, wie die in der Dritten Welt … Oder? Oder die Armen dieser Erde begreifen, dass es am besten ist, wie es ist.

Verschließen wir unsere Augen nicht vor dem Elend dieser Welt! Aber nein, das tun wir in der Tat nicht – ganz im Gegenteil: Wir erzeugen es sogar! Mittlerweile sogar im eigenen Land.

Wir wollen die Hungrigen und Durstigen dieser Erde doch weiß Gott nicht im Regen stehen lassen, aber wir haben auch eine Verantwortung gegenüber diesen Menschen, wir dürfen ihnen nicht den Mund wässrig machen, das wäre unverantwortlich. Denn uns in Deutschland geht es derzeit selbst an den Kragen. Deshalb kappen wir ja auch die Sozialhilfe, quasi als Hilfe zur Selbsthilfe. Fordern statt fördern!

So gehen wir gerade den Menschen in den Entwicklungsländern mit gutem Beispiel voran. Wir zeigen ihnen, dass es – wie in Nigeria, Bangladesh, Burundi und Uganda – auch bei uns erbärmliche Hungerleider gibt, auf der einen Seite, und als Ausgleich immensen Reichtum und rücksichtslose Korruption auf der anderen. Im Klartext heißt das, dass wir den Hungernden und Durstenden in den ausgetrockneten Erdteilen, den Menschen, die am Tropf unserer Entwicklungshilfe hängen, reinen Wein einschenken und zu verstehen geben: Von uns habt ihr nichts mehr zu erwarten, ja nicht einmal das können wir euch versprechen, und halten können wir es auf gar keinen Fall. Aber tröstet euch! Zwar bekommt ihr wie Jesus nur noch Steine zu essen, doch wenn ihr euch daran die Zähne ausbeißt, ist das nicht so schlimm, weil ihr mit denen sowieso nichts anfangen könntet, da ihr ja ohnehin nichts mehr zu beißen habt.

Nationalstolz und Sozialhilfe

So wird das alte Rezept wieder aufgekocht, das da lautet: »Der Staat muss durch Gefühle ersetzen, was er an Geld einsparen will.« Und was ist das Ziel? Ziel ist, das schweigende Mehrschwein ins nationale Wir zu verloten. Die Vereinsamung und Verameisung aufzuheben durch eine Gemeinschaft des gemeinen Gefühls, des Nationalgefühls.

Brot und Spiele, Nationalstolz und Sozialhilfe. Das würde auch als Grabspruch taugen. Oder: »Für die Helden von DU BIST DEUTSCHLAND, die sich geopfert haben für ihr Land.« Man könnte aber auch draufschreiben, zum Beispiel auf das Grabmal des UNBEKANNTEN HARTZ-VIERERs: »DU WARST DEUTSCHLAND.«

Aber warum? Was ist sein Verdienst? Gut, er hat sich verdient gemacht – was aber noch lange nicht heißt, dass er dabei was verdient hat. An der Formulierung muss man also noch ein wenig basteln. Eine passende Unterzeile könnte schon mal lauten: »Frage nicht, was du vom Vaterland hattest. Frage, was dein Vaterland von dir hatte.«

Denn wenn das Vaterland sagen kann, dass es sich an dir verdient gemacht hat, kannst auch du sagen: Du warst Deutschland.

Lasset uns betteln

Wir sind das Wachs in unseren eigenen Händen.

Die Würde des Autos ist unantastbar – alle Kraft geht vom Umsatz aus. Oh ja. Wir werden nicht mehr arbeiten, sondern Arbeit annehmen. Wir wollen auch keinen Lohn dafür, sondern Gage, Existenzhonorar und Daseinsprämie. Oh ja! Wir sind nicht mehr das Land des Wachstums und der Vollbeschäftigung, der Kohle und des Stahls, sondern das Land des Mikrochips und der Sozialhilfe. Oh ja! Ja! Ja! Wir haben die Zukunft noch vor uns, so oder so!

Aufschwung unser, der du winkst im Westen, dein Reibach komme, unser täglich Bargeld gib uns in Aktien, Wechseln,

Hypotheken und Effekten, und verzinse uns unsere Schulden, wie wir gerne verdoppeln diejenigen unserer Gläubiger, denn dein ist die Dividende und die Rendite in der Reinheit der Einheit von Beitritt und Trittbrett in Heimarbeit.

Armen.

Zugaben

Spätautist

Schön, dass wir uns nach der Pause doch noch so zahlreich wiedersehen. Ich habe die Unterbrechung genutzt, um mich mit einigen von Ihnen zu unterhalten. Das waren sehr angenehme Gespräche. Vor allem waren es Dialoge – man hat mir zugehört, man hat mich auch mal ausreden lassen. Nur was ich da zu hören bekam, war nicht immer sehr angenehm. Ich musste mir vorwerfen lassen, ich würde über alles nur Hohn und Spott ergießen. Wo bliebe da das Positive? Die Lösungen?

Nun, nach positiven Lösungen zu suchen, ist eine ehrenwerte Aufgabe, aber sie belastet mich doch etwas. Mir geht's schließlich auch nicht immer gut. Ich möchte Sie nicht mit meinen persönlichen Beschwerden und Leiden langweilen, es sei nur angemerkt, dass ich ein relativer Spätautist bin, ein Leiden, das aufgrund der Kostendämpfung im Gesundheitswesen erbarmungslos aus dem Behandlungskatalog der Erbarmer Ersatzkasse gestrichen wurde. Was tun? Wenn die Kasse nicht zahlt, sagte ich mir, gehe ich auch nicht zum Kassenarzt, sondern suche den Heilpraktiker auf, denn wer heilt, hat Recht. Also auf zum Homöopathen! Die arbeiten bekanntlich reziprok gegenläufig: Die Behandlung funktioniert nach dem Minimalprinzip, bei der Honorierung läuft's umgekehrt, so kommt alles wieder ins Lot.

Aber vielleicht, dachte ich mir, finde ich ja einen kostenneutralen Homöopathen in der Dritten Welt – Schamanen nennt man sie dort. Dadurch könnte ich das Geld, das ich hier als Homöopathen-Honorar ausgeben würde, in eine Fluggesellschaft investieren. Jedenfalls käme ich in der Welt herum, würde interessante Menschen kennenlernen und wilde Tiere fotografieren, träfe jemanden, der mich heilt, kehrte fit nach Hause zurück und hätte einiges zu erzählen. Insgesamt eine echte Win-Win-Win-Win-Win-Situation.

Es hat auch alles gut geklappt. Geheilt wurde ich allerdings nicht von einem Schamanen der Papuas auf Altguinea, sondern von einem Medizinmann aus dem Indiostamm der Shipibos, die am Oberlauf des Amazonas leben, wo Orinoco und Urinoco zusammenfließen. Diesen Medizinmann traf ich auf einem Asyl-Container-Bewerber-Schiff im Köln-Mülheimer Hafen. Er verschrieb mir eine aktive Gesprächstherapie, das heißt, dass ich mich vor Menschen ausquatschen soll, die sich anscheinend gerne von mir bequatschen lasse. Ganz wichtig für den Heilerfolg, fügte er streng hinzu, sei allerdings, dass alle vorher dafür bezahlt haben – sonst könne es nicht klappen. Im Ernst.

Mitleid mit Madeleine

Man fragt sich ja doch immer »warum?« Also, warum ist Karstadt pleite? Und warum hat Quelle nicht mal mehr das Geld für den neuen Versandkatalog? Aber überhaupt – warum den dann überhaupt noch drucken, wenn das Geld, um die Waren zu kaufen, die darin angeboten werden, auch nicht da ist? Und warum sollte man Karstadt und Quelle überhaupt Geld leihen, wenn es schon die Oppenheimbank, also der Großaktionär, nicht mehr tut? Und die arme Madeleine Schickedanz! Was die für ein Milliarden-Vermögen an Aktienwerten in den letzten Wochen verloren hat! Wie kann das nur passieren? Warum hat denn da niemand aufgepasst? Aber die wichtigste Frage lautet natürlich auch hier wieder: Wer ist schuld? Nichts Genaues weiß man nicht, aber für mich gibt es immerhin eine Antwort: Der Thomas Middelhoff und der Josef Esch, die zwei sind nicht ganz unschuldig. Der Josef Esch, muss man wissen, ist der Vermögensberater von der Frau Schickedanz und macht Geschäfte mit der Oppenheimbank und dem Thomas Middelhoff. Und die Frau Schickedanz ist am Unternehmen vom Esch beteiligt. Und der Middelhoff hat noch vor seiner Zeit als Arcandor-Chef-Anteile an einem von Esch aufgelegten Immobilienfonds gezeichnet, an den die Madeleine Schickedanz fünf Karstadt-Kaufhäuser verkauft hat, um sie dann zurück zu mieten. Und die Garantiemieten sind sehr sehr, sehr hoch, was für die Madeleine Schickedanz gut ist, weil sie über ihre Beteiligung beim Esch auch daran verdient, aber wiederum nicht gut ist, weil ihre Karstadt-Kaufhäuser zuviel Miete zahlen müssen und zu wenig verdienen, um den Laden am Laufen zu halten. Aber warum hat die Frau Schickedanz das überhaupt gemacht, also an sich selbst in der Form zu verdienen, dass sie auf der anderen Seite bluten muss? Das könnte die Idee vom Middelhoff gewesen sein, der Arcandors und damit ihr Vorstandsvorsitzender war, was wiederum eine Empfehlung vom Esch hätte sein können, wobei der Middelhoff dann, als Karstadt klamm war, auch noch andere Kaufhäuser an einen Fonds verkauft hat, auch gegen sehr hohe Mieten. Dadurch hatte Karstadt zwar erst mal Geld, aber das war auch schnell wieder weg, denn jetzt musste man überall zu viel Miete zahlen. Solche Geschäfte nennt man Selbstausbeutung oder »Wer ist schneller – mein Konkurs, meine Insolvenz oder ich?« Und wer hat die Madeleine da beraten? Kann das der Josef Esch gewesen sein, der jetzt allerdings sauer auf den Thomas Middelhoff gewesen sein könnte, weil der Karstadt nicht so nach vorne gepeitscht hat, dass es die Mieten auch problemlos zahlen konnte. Was bei einem Geschäft, bei dem man am meisten dadurch verdient, dass man nichts verdient, nicht ganz einfach ist. Jedenfalls die arme Madeleine Schickedanz hat Heuschrecke mit sich selbst gespielt und es wahrscheinlich noch nicht mal gewusst. Aber wenn sie bald ganz pleitegehen sollte – für mich ist die jetzt schon eine Märtyrerin. Sankt Madeleine, die Schutzheilige der Gierigen, die nicht immer schlau genug sind ... Der Einzige, der bei diesem Deal auch dauerhaft erfolgreich sein dürfte, bleibt der Josef Esch, denn der ist ja nicht nur einfacher Vermögensberater von Madeleine, sondern auch ihr Testamentsvollstrecker – und da gibt er sich jetzt schon erfolgreich viel Mühe.

Sorgen, so berechtigt sie sein mögen, erzeugen manchmal Bitterkeit, was zu ungerechten Urteilen führen kann, und dann ist Abbitte richtig am Platz und sinnvoll. Josef Ackermann beispielsweise, ihm möchte ich hier Abbitte leisten, und wenn es auf den letzten Drücker ist, etwas wenigstens. Denn hauptsächlich ist er ein Retter! Hat er nicht, wie im Untersuchungsausschuss zur Hypo-Real-Estate-Bank überdeutlich wurde, damals, im Herbst 2008, Deutschland vor dem totalen Zusammenbruch gerettet? Damals allerdings, indem er den Staat zur Kasse bat? Nein, zwang! Wir zahlen für den Pfusch der anderen, aber zu unserem Glück! Und ein knappes Jahr danach hat Ackermann schon wieder gerettet: das Bankhaus Oppenheim und damit die Reichsten und Superreichsten dieses Landes, die ja von diesem Bankhaus ihr Vermögen betreuen lassen. Die höchsten Leistungsträger dieses Gemeinwesens, die, wie der Hosenträger die Hose, den Wohlstand zusammenhalten, die das Nonplusultra der Systemrelevanz darstellen. Als hier die größte private Vermögensbetreuerin nicht mehr mit Investments und Anlagen des Oppenheim-Esch-Fonds füttern konnte, stand die nächste Katastrophe in diesem unserem Lande schon wieder so dicht wie damals Hannibal vor Rom vor der Tür. Ihr Schicksal ist ein Menetekel für andere Vermögen. Das muss auch Ackermann gerührt haben, so dass er sich und seiner Bank wohl sagte, da müssen wir uns rühren. Und da kommt er, bisher als Gierschlund verkannt und als Rendite-Strolch verschrien, Gott sei Dank und gerade noch wieder rechtzeitig als Retter. Ja, da ist Abbitte angesagt! Denn er hat mir gezeigt: Auch ein Spitzenbanker hat Menschlichkeit und Mitleid in seinem Portefeuille. Bevor bei der Privatbank Oppenheim die Klientel in den Sack haut, übernehmen wir sie lieber und stecken sie uns in den Sack, denn wie soll die Wirtschaft wieder anlaufen, wie kann vor allem der Binnenmarkt brummen, wenn in Deutschland Milliardäre im Sommerschlussverkauf um die Wühltische wimmeln und bei Aldi an der Kasse Schlange stehen!? Danke, Josef!